西山永定河文化带
石景山区六张文化名片系列丛书

模式口历史文化

北京市石景山区文化和旅游局◎编

中国纺织出版社有限公司

图书在版编目（CIP）数据

模式口历史文化 / 北京市石景山区文化和旅游局编
. -- 北京：中国纺织出版社有限公司，2023. 10
ISBN 978-7-5229-0395-8

Ⅰ. ①模… Ⅱ. ①北… Ⅲ. ①文化史—石景山区
Ⅳ. ① K291.3

中国国家版本馆 CIP 数据核字（2023）第 042813 号

责任编辑：向连英　宋志刚
责任校对：楼旭红　　　　　　责任印制：储志伟

中国纺织出版社有限公司出版发行
地址：北京市朝阳区百子湾东里A407号楼　邮政编码：100124
销售电话：010—67004422　传真：010—87155801
http://www.c-textilep.com
中国纺织出版社天猫旗舰店
官方微博 http://weibo.com/2119887771
北京华联印刷有限公司印刷　各地新华书店经销
2023年10月第1版第1次印刷
开本：710×1000　1/16　印张：12.5
字数：145千字　定价：68.00元

西山永定河文化带石景山区“六张文化名片”
——《模式口历史文化》

前言

“幽燕之地，龙蟠虎踞，形势雄伟，南控江淮，北连朔漠。”北京西山属太行山脉最北段，居太行之首，史载“强形巨势，争奇拥翠”，被誉为“神京右臂”，以其易守难攻的地理形势，成为北京城的坚强护卫。发源于山西境内的永定河，是北京地区的“母亲河”，滋养了河道两岸，畅通了区域往来，为沿河地区带来了勃勃生机。

模式口古镇位于西山一脉翠微山南麓，位于蟠龙山和黑头山的交会处，在金顶街路与京门路之间。模式口村三面环山、一面临水，拥有极其优越的地理位置。村西面曾有古隘口，自古以来不仅是东西往来要道，同时又因路窄坡陡，地势险要，成为京西地区一道牢靠坚固的天然屏障。

历史上的模式口古镇是历来兵家争夺之地，是交通往来要道，是古今出入北京，连通山西、张家口、内蒙古等地的交通枢纽和关键节点。穿行在京西大道上的商旅支撑了元明清以来北京这座古都的日常所需。从供给都城日常所需的煤炭、木材资源，到从全国各地贩运而来的各种生活必需品，京西大道及其沿线枢纽，成为都城运行的生命之脉。频繁往来的客旅，带动了古镇商业的崛起。明清时期的模式口大街店铺林立，贸易鼎盛。优越的地理位置给模式口地区的商业发展带来了重要契机，促成了本地多元汇聚的文化格局。清末民初，模式口古镇成为京西现代化进程的先驱，因其工业的发展、生活方式的改良，商业街市之鼎盛，被誉为京城著名的“模范村镇”。

纵观历史进程，虽然模式口是京西一座规模不大的古镇，但模式口一直行走在生态保护、现代工业发展的前端，这与自古以来其作为北方商业重镇的开放姿态和包容特质是密不可分的，而这样一种文脉特征，也是北京“汇聚”“融汇”“四方辐辏”文化内涵和特征的重要构成。而在北京城市发展史中，模式口也有着诸多成绩。模式口是北京第一座通电的村镇。20世纪初期，随着京师华商电灯公司的落户，模式口成为线路通道的重要节点。在本地开明绅士李雅轩的运作下，模式口成为北京第一个正式通电的村镇，这也是中国迈入现代化征程的重要一步。模式口有北京地区最早的“植树节”石碑。受孙中山先生和冯玉祥将军号召的“为国植树，造福于后人”的影响，1924年清明节，时任京兆尹的刘梦庚来到蟠龙山上种植松柏，并亲手立了一块植树碑。此碑青石质，高1.6米，正面镌刻“辑威将军京兆尹刘梦庚手植”十二个楷体字，背面则题“中华民国十三年植树节”落款。模式口拥有新中国第一座自行设计的水电站。模式口水电站于1957年建成，位于永定河引水渠西段的模式口村东北山麓，年发电量4000万千瓦·时。这是新中国成立以来第一座自行设计、发动控制的水电站，在当时创下了全国自动化程度的最高记录。

模式口是京西地区文化交融汇聚的重要通道，遍布此地的宗教寺观，成为传统文化交流融汇的中心。1974年在龙泉寺发现藏文藏密经咒摩崖石刻，“石室曾是藏传佛教僧人修行之地，或是藏密佛教信徒诵经之所。京西模式口曾是京师与西北地区之间的重要通道，在模式口北侧山坳中龙泉寺发现的藏文藏密经咒摩崖石刻，是藏密佛教文化经模式口通道传入北京地区的明证”。西山地区兴盛的香会活动是明清以来整个华北地区民俗信仰活动的核心。除进香拜神之外，各种民间组织举行的花会活动，是本地民俗文化盛会的另一重要组成部分。庙会期间，各地的花会集中到这里开展活动：有舍粥舍茶、免费缝纫修理等为民服务的活动；也有登台献艺、比赛各种技艺的活动，如表演扭秧歌、耍狮子、少林拳、五虎棍、踩高跷等。兴盛的庙会汇集了京津冀民俗文化的多种形态，被称为中国民俗文化之大成。

作为北京西大门，历史时期的石景山，不仅是都城功能的有机构成，同时在漫长的历史发展中，也逐步实现了地区的自我成长。特别是在传统迈向现代化的进程中，从京师华商电灯公司的落户，到炼铁厂的设立，都是现代国家形成的重要工业基础。与此同时，以模式口古镇为代表的西山古村落也在不断探索着自身发展的独特路径。从依赖天然煤矿资源和古道通行附属经济的发展，到电力设施的引进、现代医院的设立、国民学校教育设施的建设等，都是模式口地区勇于探索传统中国现代化道路的重要尝试。

如今，修缮一新的模式口古镇已经成为北京颇具盛名的网红打卡点。古韵今风，世家大院化身精品民宿，百年商铺注入新鲜活力，还有现代景观进行有机点缀……这条百年老街在新时代日益焕发出新的光彩和魅力。行走在这座有着悠久历史和丰富文化的古镇上，或可找寻到北京这座古老都城生生不息的生命力量和文化基因。

凭借深厚的文化底蕴和独具特色的文脉传承，模式口被打造为西山永定河文化带上一颗耀眼的明珠。“模式口历史文化”因此成为石景山区着力塑造的“六张文化名片”之一。党的二十大报告指出要推进文化自信自强，铸就社会主义文化新辉煌；北京市第十三次党代会再次明确要扎实推进全国文化中心建设，需要统筹推进大运河、长城、西山永定河三条文化带建设。进一步推进以模式口古镇为代表的西山永定河地区文化资源的挖掘和整理工作，无疑是具体辨析北京“都”与“城”之关系，深入探讨西山永定河文化带文化内涵的一项重要且必须的工作。

北京市石景山区文化和旅游局

2022 年 12 月 8 日

目录

第一章　山水相依

西山与永定河，构成了北京西部的地理骨架。北京地势西北高、东南低，其中西部、北部、东北部三面都是山区，东南部则是缓缓延伸的平原。地质学家因此将北京城所在的三面环山的小平原称为北京湾，又叫北京小平原，这里也是华北平原的北端顶点。西山与永定河所构成的山水形胜，成为北京城最初崛起的主要地理条件：得益于西山山脉的阻隔作用，为早期城市的出现提供了良好的地理环境；永定河冲积扇的形成，则为北京城的出现提供了充足的成长和发展空间。位于西山大道及永定河河道枢纽的模式口，正是在山水相依的地理背景和地区丰沛资源的滋养下逐步成长为京西一处重要的商业古镇。

第一节　神京右臂

西山是北京西部山区的总称，北起昌平区南口关沟与军都山分界，南达房山区拒马河谷地，西与河北张家口、保定山区交界，东抵北京小平原西侧，是北京城西侧的主要地理屏障。蜿蜒绵长的永定河，从西山西部进入北京境内，越过百里山峡，历经数万年昼夜不息的流淌，将黄土高原和太行山的沙砾搬运到“北京湾”，慢慢堆积，铺垫起总面积达 7500 平方千米的洪积冲积扇平原，成为北京城早期崛起并发展的沃土。

西山属于太行山的余脉，连同穿越其间的交通孔道，历来是北京构筑军事防线的天然屏障和险关要隘。南北向延展的西山与自西北向东南流淌的永定河，构成了山水交互的天然形胜，为北京城的出现提供了适宜的生态环境。[1]据北京历史地理领域专家尹钧科先生研究，石景山境内古河道是永定河冲积扇上最古老的一条故道，从石景山、衙门口东流，沿八宝山北侧转向东北，沿海淀、循清河向东与温榆河相汇，最后流入潮白河。这条故道的特点是，洼地形态清楚，沉积层深厚。[2]

关于西山的地理范围，明清时期有大、小西山的不同说法。其中大西山一般是指京西诸山总称，范围较广，是一个概称。小西山则一般特指西郊近山

❶ 李诚：《永定河出西山碧水环绕北京湾》，《前线》2020 年第 2 期。
❷ 尹钧科：《北京郊区村落发展史》，北京，北京大学出版社，2001 年。

丘陵、香峪大梁一带，特指大西山向北京小平原的延伸部分。大、小西山的指称，实际上并不是严格的地理界限的区分，而是各有所重。大西山自不必说，指的便是绵亘于京西的山脉。而之所以出现了小西山的概念，主要源于清代三山五园修建后所形成的园林名胜区。正如民国《西山名胜记》自序：“古都以西之山，皆名曰西山……风景宜人者，厥为万寿山、玉泉山、香山及八大处……因名曰《西山名胜记》。”

史籍中“西山”一词的出现，最早始于北宋末年随父镇守燕山、后又降金的将领蔡松年所撰写的《水龙吟》，“软红尘里西山，乱云晓马清相向”，这是目前看到较早的关于西山的记载。对此，金初魏道明标注言：“燕都迫于西山，故云‘软红尘里西山’也。”也就是说，燕地与西山地域相近。此外，在《辽史》《契丹国志》当中也有零星的关于“西山”的记载，主要还是作为北京以西山脉的统称。如《辽史》记载：应历五年（955）九月，穆宗曾“猎于西山”。另外，《契丹国志》也记载：宋太平兴国四年（979）秋七月，曾“请兵十万救幽州，并西山薄幽陵”。对于当时幽州及西山的地理范围有了粗略描述。

至南宋范成大出使金朝，曾居住在中都城外的燕宾馆，并作《燕宾馆》，诗作末句云：“苦寒不似东篱下，雪满西山把菊看。”此处所出现的“西山”一词所指范围属于“大西山”的概念，如其在题注中提到“西望诸山皆缟，云初六日大雪”。不过，在宋代著作《纪纂渊海》中对于西山与太行山的关系已有初步认识，“西山在府西三十里，为太行山之首”，把西山看作“太行山之首”。从地域认知来看，时人已将西山的地理范围扩大到华北地区。而诗中所称西山作为“太行之首”的雄伟高峻，不仅为北京城增添了雄壮气势，更是构成北京帝都气象、地理形胜的重要元素。

辽金以后的历代帝王尤其喜爱西山景致，这里逐渐成为封建王朝离宫别苑的聚集区。辽在玉泉山建起了北京西北郊最早的皇家园林——玉泉行宫。金朝第六代皇帝金章宗完颜璟建起了“八大水院”，即圣水院、双水院、灵水院、金水院、香水院、清水院、潭水院、泉水院，开启了西山地区行宫、寺庙兼园林的山水艺术建设，为其后历代帝王在西山兴建园林奠定了人文景观的基础。

进入明清时期，关于“西山”的历史记述明显详细起来。其中，在明朝嘉靖年间沈榜所撰的《宛署杂记》中专有西山的介绍，载曰：“西山，在（宛平）县西三十里。旧记：太行山首始河内，北至幽州，第八陉在燕。”可见此处的“西山”，不仅仅是京城西山的统称，更是进一步扩展到西山是太行山北段余脉的概念。另有明人蒋一葵在其所著《长安客话》中写道：“西山，神京右臂，太行山第八陉，《图经》亦名小清凉也。”需要注意的是，明清以来，随着人们对于西山地理范围认知的不断推进，西山也逐步进入人类活动的进程当中；而对于西山作为太行山余脉的判断，是人类逐步“走出西山”进入更大范围活动空间的结果。

清代则开始对“西山”有了相对科学及明确的标识，据《光绪顺天府志》记载：“宛平县山，城西三十里曰西山，总名也。析言之，曰聚宝山，俗呼荷叶山；曰香山，亦名小清凉，乾隆十年诏改静宜园；曰普陀山；曰平坡山，一名翠微山；曰卢师山，有秘魔崖；曰觉山；曰寿安山；曰半天云岭；曰万华山；曰天宝山；曰金山，亦呼瓮山，乾隆十六年命名万寿山，在清漪园；香山后为中峰。”[1] 可见当时对于西山主脉及各支脉的名称、分布首次有了较为确定的概念与定义，“西山”也有了具体指向及明确的范围界址。史籍中对于西山范围认知总体呈现地理位置不断明确、范围不断缩小的趋势，这实际上也是人们逐步走进西山、熟悉西山的过程。

西山独特的地理区位和地质结构，使其拥有了独一无二的地理形胜，为北京城的发展提供了坚固屏障。据蒋一葵《长安客话》记载：“京师前挹九河，后拱万山，正中表宅，水随龙下，自辛而庚，环注皇城，绕巽而出，天造地设。”山水相依的格局以及天造地设的地理架构，加上符合中国传统风水形胜

[1] 光绪《顺天府志》卷 20《地理志二》。

西山图（光绪九年）（来源：《古今图书集成》，中华书局，1985）

的要求，造就了其独一无二的地位。另外，吴长元《宸垣识略》中则以八卦之象分析了北京城的地理特征：“今之京师，居乎艮位成始成终之地，介乎震坎之间。出乎震而劳乎坎，以受万物之所归……自古建都之地，上得天时，下得地势，中得人心，未有过于此者也。”因此，西山独特的地理方位，无疑是京城“未有过于此者”地位不可或缺的要素，这也是京城崛起并发展的重要基础条件。“以燕京而视中原，居高负险，有建瓴之势”“燕都地处雄要，北倚山崄，南压区夏，若坐堂隍，俯视庭宇”，不仅烘托出京城雄视地方的地位，也是北京都城地位能够确立的要素之一。

西山为北京城的发展提供了理想的地理空间。古代城市选址首要考虑当地的自然条件，《管子·乘马》载："凡立国都，非于大山之下，必于广川之上。"西山山脉的阻隔作用，为早期城市的出现提供了良好的地理环境；永定河冲积扇的形成，则为北京城的出现提供了充足的成长和发展空间。西山拥有丰富的煤矿、木材、石材、水源等资源，成为北京发展的资源空间，为北京城市建设、居民生产生活奠定了坚实的基础。随着农业生产力的提高和人口的增加，西山出现过两个村落增长的高潮期，隋唐时期村落集中在山前平原区，明清时期大量村落向浅山区和深山区延伸。随着西山在地区交流融通中的地位不断提升，西山聚落也迈入了地区自我发展的进程中。

西山群山险峻连绵，林木苍翠，溪流淙淙，水清木华，景致十分优美。据康熙年间编撰的《宛平县志》记载："西山，城西三十里。发脉于太行，拱护京邑，层峦积翠，叠峰环青，梵宇琳宫，何止千百。春夏之交，晴云碧树，花气鸟声；秋则乱叶飘丹，冬则积雪凝素。帝里大观，莫是为最。"[1]西山风景四时奇艳，各有绝景，游人、香客络绎不绝，留下了众多诗歌文咏。明人沈榜在《宛署杂记》中赞叹："每大雪初霁，千峰万壑，积素凝华，若图画然，为京师八景之曰'西山霁雪'。"明代大文人王鏊《游京城西山》中写道："赏心多与宦情违，三载来游一日归。树下杯行殊草草，水边人去更依依。郊原却略青骢度，天水苍茫白鸟飞。回首青山应笑我，漫将尘土涴苔衣。"清人吴长元《宸垣识略》中有：西山"内接太行，外属诸边，磅礴数千里，林麓苍莽，溪涧镂错，其物产甚饶，古称神皋奥区也。卢沟、琉璃、胡良三河，山水所洩，多归其中。其水皆藻绿异常，风日荡漾，水叶递映，倚阑流览，令人欣然欲赋"。一直到民国时期，西山地区定位为京城迆西颇负盛名的"游览区"。据《大中华京兆地理志》中记载：西山"横挡京兆区域之西，自京师望之，苍莽郁葱，虎卧龙蹲，烟开雾合，水泉流衍，物产滋丰"。

独特的地理区位，使得西山与北京城的发展密切相关。历史上西山区域内

[1] 康熙《宛平县志》卷首《序》。

的神庙道观、寺院庵堂星罗棋布，香火极盛，所谓西山“有庙宇五百处之多，宛平县西诸山，近者卑者，便于登眺，一泉一石，皆为名胜。远者深者，亦易瞻仰”。区域内的历史遗存有汉代王陵、北魏的石佛像、唐辽时期兴建的兜率寺等。其中，始建于西晋时期的潭柘寺，是北京最早修建的寺庙，有“京都第一寺”之称，至今民间流传着“先有潭柘寺，后有北京城”的谚语。位于西山南部的云居寺石经，始刻于隋代大业年间，历经隋、唐、辽、金、元、明数代，因其石经数量众多，被人们誉为“北京的敦煌”。西山为名副其实的风水宝地，景致宜人，又与北京城相距较近，许多京城名人的身后宅第都建于此处。仅明一朝便有200余位王公嫔妃选择在西山沿山一带安寝。

西山地区地理位置十分险要，从早期的军事通道，到后期的交通要道均基于此。“东望都邑，西走塞上而通大漠”，历史上西山大道便是沟通京师与西北各族的重要通道。从军事防御、资源开采到商业往来，不同时期的西山大道有着不同的功能。此外，西山地区是人口流动的通道，由山西、河南等地迁来的百姓，对于当地的民俗产生了熔炼、荟萃的作用，由此使得西山地区文化与民俗的性质、成分、形态兼具各地特色，各种风俗在这里汇聚交融，兼收并蓄，开放性及包容性的文化特色在这里不断生发、壮大。

2017年，北京市基于北京历史文化内涵价值特征与分布，确定了“三大文化带”，其中分布在城市西部的文化带确定为西山永定河文化带，并对其文化脉络、特征有了更明确的定义。据统计，西山拥有世界文化遗产3处，国家级重点文物保护单位37处，北京市级文物保护单位60处，国家级非物质文化遗产11项，市级非物质文化遗产39项，区县级文保单位183处，普查登记在册文物1052处，地下文物埋藏区18处，优秀近现代建筑18处，工业文化遗产26处，市级历史文化街区5处，国家级历史文化名村4个。同时，西山还拥有国家级风景名胜区1处，市级风景名胜区4处，区县级风景名胜区9处，以及房山区世界地质公园、国家级传统村落、国家级和市级森林公园等风景名胜资源。无论从文化类型还是从层级和代表性来看，西山地区都是北京地域文化的重要构成。

从太行山延绵百里而来，自北京西南角一直延伸至东北，西山似一个弧形的生态屏障屹立于京师之右。从西山文化本身来看，从最初的山水形胜，到地质构造，再到都城发展、区域交往等，伴随着地区不同元素的拓展壮大，西山文化的概念及内涵也处于不断丰富的发展历程中。从地理区位来看，西山山脉漫长，群峰连缀，层峦叠嶂，蜿蜒起伏，气势磅礴，如虎踞龙盘拱卫京师，自古被称为京城的绿色屏障。从地形结构来看，西山地形为四条大梁呈多字形平行排列，具有天然的屏障作用。从道路通行来看，每道大梁间又常有低山隘、长沟谷，便于翻山越岭、舟马通行。这些天然的沟谷、低隘与陉道，便是西山地区交通的基础道路。西山与燕山边缘“太行八陉”之一的军都陉（居庸关一线），便是著名的天然道路。绵延不断的西山山脉，不仅为北京城的形成与发展提供了强有力的军事、交通、经济等支撑，更是形成了其独有的、丰富的文化内涵。

第二节　水佑安澜

如果说西山是北京西部地区一道得天独厚的生态屏障，流经域内的永定河则是北京城崛起和发展的生命之源。永定河发源于山西，是流经北京市辖境最大的河流，它的洪积冲积扇为北京城的形成与发展提供了优越的地理条件，因而被称为“北京的母亲河”。

永定河经门头沟区的三家店出山后，河水流速减慢，地势骤然变得平坦，经河流带来的砾石和泥沙迅速沉积下来，形成永定河冲积平原。随着永定河主流河道的往复摆动和流向变化，冲积扇的范围日渐广袤。冲积扇内西北高、东南低，地势平坦，土壤肥沃，水源充足，排水良好，成为重要的农垦区。北京城恰好位于永定河冲积扇北部的轴心位置，永定河造就的独特地质构造，为北京城的崛起和发展提供了基础条件。

永定河的源头有两处，分别为内蒙古兴和县和山西省宁武县管涔山，曾有㶟水、桑干河、浑河等称谓。历史上永定河曾称高梁河，魏齐王嘉平二年（250），刘靖造戾陵遏、开车箱渠、导高梁河，其表云：“高梁河水者，出自并州，黄河之别源也。”[1]魏晋南北朝称㶟水，根据郦道元《水经注》记载：“㶟水又东北流，左会桑干水。（阴馆）县西北，上下洪源七轮，谓之桑乾泉，即

[1]（北魏）郦道元：《水经注》卷14《鲍邱水》引《刘靖碑文》，上海，上海古籍出版社，陈桥驿点校本，1990年。

溹涫水者也。”隋唐时，则上下游通称为桑干水或桑干河。如《隋书·礼仪志》记载：“大业七年（611），征辽东，炀帝遣诸将于蓟城南桑干河上，筑二坛，设方壝，行宜社礼。”

辽金时期，永定河称桑干河，又称卢沟河。《宋史·宋琪传》记载：端拱二年（989），宋太宗准备攻打辽朝收复幽州，诏令群臣献计献策。宋琪上疏云：“从安祖砦西北有卢师神祠，是桑干（河）出山之口，东及幽州四十余里……其桑干河水属燕城北隅，绕西壁而转。大军如至城下，于燕丹陵东北横堰此水，灌入高梁河，高梁岸狭，桑（干）水必溢，可于驻跸寺东引入郊亭淀，三五日弥漫百余里，即幽州隔在水南。王师可于州北系浮梁以通北路，贼骑来援，已隔水矣。”

元明时期，永定河的名称则有所变化。据《元史·河渠志》云：“卢沟河，其源出于代地，名曰小黄河，以流浊故也。”又云“浑河，本卢沟水，从大兴县流至东安州、武清区，入漷州界。”《明史·河渠志》记载：“桑干河，卢沟上源也。发源太原之天池，伏流至朔州马邑雷山之阳，有金龙池者，浑泉溢出，是为桑干。东下大同古定桥，抵宣府保安州，雁门、应州、云中诸水皆会。穿西山，入宛平界，东南至看丹口，分为二，其一东由通州高丽庄入白河，其一南流霸州，合易水，南至天津丁字沽入漕河，曰卢沟河，亦曰浑河……《元史》名卢沟曰小黄河，以其流浊也。”这里既有“卢沟河”“桑干河”旧称，又有“浑河”“小黄河”新名。

直至清康熙三十七年（1698），才有“永定河”的名称。据《清史稿·河渠志》记载：“永定河亦名无定河，即桑干下游。源出山西之天池，伏流至朔州、马邑复出，汇众流，经直隶宣化之西宁、怀来，东南入顺天宛平界，迳卢师台下，始名卢沟河，下汇凤河入海。以其经大同合浑水东北流，故又名浑河，《元史》名曰小黄河。从古未曾设官营治。其曰永定，则康熙间所赐名也。”

因永定河河道绵长，含沙量巨大，极易改道泛滥，因此从魏晋时期，人们开始有计划、有步骤地进行河道治理工程。曹魏嘉平二年（250），驻守幽州的镇北将军刘靖在实地考察永定河流势后，在石景山附近的永定河分水处修建戾陵堰与车箱渠，将河水向东引入高梁河，作为蓟城周围农田的主要灌溉用水。戾陵堰和车箱渠，堪称北京历史上第一项大型水利工程。西晋元康五年（295），刘靖之子刘弘通过复建河堤、修复被冲毁的石渠、维修主堰、改造水门，取得了良好治水成效。

不过，自金元时期开始，随着永定河上游森林砍伐严重，加上中下游两岸土地被连片开垦，导致流域水土流失严重，永定河的水文特性也随之改变。特别是元代以来，永定河含沙量显著上升，当它冲出北京城西南的石景山后，进入坡降舒缓、土质疏松的平原区，河水“冲激震荡，迁徙弗常”❶，直接威胁着北京城的安全。

为了治理永定河，从金朝开始便进行了大规模筑堤工程。大定年间，卢沟河决于显通寨（今石景山至卢沟桥之间），“诏发中都三百里内民夫塞之”❷。明昌二年（1191）六月，“漳河及卢沟堤皆决，诏命速塞之”；明昌四年（1193）六月，“卢沟堤决，诏速遏塞之，无令泛溢为害。右拾遗路铎上疏言：当从水势分流以行，不必补修玄同口以下，丁村以上旧提。上命宰臣议之，遂命工部尚书胥持国及路铎同检视其堤道”。❸

元代永定河的水灾日益频繁，在石景山至卢沟桥段筑堤固岸的工程也不断增多。从世祖至元年间到元末诸如“修卢沟上流石径（景）山河堤”❹“浑河决发军民万人塞之”❺一类的记载屡见于《元史》。元代永定河下游筑堤频率明显提高，从元初至元年间一直持续到元末至正年间。延祐三年（1316）对浑河河堤清查，上自石径山金口，下至武清县界，河堤通长计三百四十八里。康熙

❶《明史》卷87《河渠志五》。

❷（元）脱脱：《金史》卷27《河渠志》，北京，中华书局，1997年。

❸（元）脱脱：《金史》卷27《河渠志》，北京，中华书局，1975年，第686页。

❹《元史》卷20《成宗本纪三》，北京，中华书局，1997年。

❺《元史》卷30《泰定帝本纪二》。

三十七年（1698）永定河下游大筑堤防，北岸大堤长不过一百二十九里二分；南岸大堤通长一百十七里四分，总长二百四十六里六分，单以长度论远远不及元代堤防。

明初因永定河主流河道淤塞，河道不断向东南方向迁徙，流经良乡、固安、东安，在霸州东南与淀泊相汇后继续向东南流，穿过北运河，东流入海。现存洪武年间《北平图经志书》记载：桑干河“由旧奉圣州二百余里入宛平县境。出卢沟桥下，东南至看丹口，冲决漫散，遂分而为三：其一分流往东南，从大兴县界至漷州北乡新河店，东北流达于高丽庄，入白潞河；其一经大兴县清润店，过东安县，今已淤塞；其一南过良乡、固安、东安、永清等县，入霸州，汇于淀泊，出武清县，南入于小直沽，与白潞河合流，入于海”。[1]

人类持续不断地对永定河进行改造利用的过程，实际上也是人类与自然相互作用，并试图利用人工改造自然的重要尝试。与此同时，永定河不仅为北京城的发展提供了最初生长孕育的基址，在随后的历史过程中一直源源不断地为京城输送着丰沛的物产资源。

永定河流域拥有丰茂的森林植被，境内有管涔山、恒山、小五台山、海坨山、燕然山、大马群山、军都山、北京西山等山地，又有大小不等的山间盆地，如应县—怀仁盆地、大同盆地、阳原盆地、蔚县盆地、宣化盆地、涿鹿—怀来—延庆盆地等。在这些区域内，历史上分布着茂密而广阔的森林和草地。据《山海经·北山经》记载，包括永定河上游地区的今山西、河北西部与西北部、内蒙古自治区中南部一带的山地草木茂盛，主要树种是松、柏、漆、棕、桐、柘、樗、榛、椐、楛等。这里有南北百余里、东西五十余里的辽阔林区，在宋辽绘制的一些地图中，还绘出了今永定河上游流域的森林分布。

一直到金元时期，永定河中上游流域森林资源依然丰富。元代在矾山、蔚

[1] （永乐）《顺天府志》，北京，北京大学出版社，1983年，第305页。

州、定安等地都设有负责砍伐林木的机构，并委派官员专门督办伐木工程。丰沛的森林木材为北京地区的城市发展提供了重要的能源基础。《大金国志》记载：天会十三年（1135）夏，金太宗为了进攻南宋，曾发四十万人到燕云两路地区的蔚州交牙山采木为筏。海陵王迁都燕京，更加大了对城市周边森林的采伐力度。《金史·地理志》记载：天德三年（1151）三月下令张浩等取真定府（今河北正定县）潭园材木以便营建宫室。张浩取用的“真定府潭园材木”，应当是从太行山砍伐后积存于潭园的木材。

卢沟运筏图（局部）
（来源：中国国家博物馆馆藏）

元大都宏伟壮丽，为明清北京城奠定了基本格局，但其建筑规模宏大，日后对木材、石料、柴炭的需求，却导致其周边乃至南方地区的森林消耗迅速增多。元朝画作《卢沟运筏图》所展现的应是当时木材运输的兴盛场景。元大都的都城地位确立之后，为营建都城，往往从大都西面的西山地区大量砍伐木材，并经过永定河运输到大都城西南边的卢沟桥附近上岸转运进城。对此，《元史·世祖本纪》中记载：至元三年（1266）十二月，凿金口，导卢沟水以清西山木石。为了进一步疏浚永定河的运输能力，元朝大臣郭守敬决金口以便运输西山之竹筏，以满足京师竹木需用。由此可见永定河对于元大都地区木材供应所具有的基础枢纽作用。

永定河也是商旅往来的重要通道。来到元大都的意大利旅行家马可·波罗在他的游记中写道:“离开大都城走十英里，来到一条叫白利桑干河的河旁，河上的船只载运着大批的商品穿梭往来，十分繁忙。这条河上有一座十分美丽的石桥，在世界上恐怕无与伦比。此桥长三百步，宽八步，即使十个骑马的人在桥上并肩而行，也不会感觉狭窄。这座桥有二十四个拱，由二十五个桥墩支撑着，桥拱与桥墩都由弧形的石头砌成，显示了高超的技术。”此外,《卢沟运筏图》中展现的是永定河漂运木筏以及河道两岸繁荣的商业贸易景象，卢沟桥两岸分布着鳞次栉比的酒肆、茶楼和商铺，店铺前面竖立着各式的招幌，簇拥着这条绵长的街道，显得热闹非凡，街道上行驶着南北往来的骡车、粮车以及各式人物等。作为北京城西南的交通枢纽，卢沟桥是连接北京城的重要通道，这里又是河道运输的渡口，久而久之便成为重要的商业交易中心。

第三节　生命之源

京西大道有人类活动的历史起源很早。沿线的考古挖掘结果及文献资料显示，自永定河流域起，穿越西山，与黄土高原、内蒙古草原连接的京西大道，是北京地区与塞北的主要往来通道，是官方往来、人员流动、物资流通以及文化交融的重要渠道。

北京地区属于温带季风气候，降水多集中在夏季，以暖湿气流形成的东南风降雨为主。夏季东南风穿过北京小平原后，遇到西山、军都山的阻隔，在山前地带形成更为丰沛的降水，有利于雨热同期的农业生产。冬季从蒙古高原南下的干冷西北风，受到了西山等山脉阻挡，降低了北京小平原过于寒冷的可能，位于西山东南侧的乡村聚落因此拥有了优越的水热条件。永定河冲积扇形成的北京湾小平原，则为北京城的出现提供了合适的地域空间。在漫长的地质时代，永定河将上游流水侵蚀的碎石、泥沙搬运至下游。在三家店出山后，地势骤然变得平坦，河水流速减慢，大量砾石和泥沙迅速沉积下来，形成了永定河冲积平原。随着永定河主流河道的往复摆动和流向变化，冲积扇的范围日渐广袤。冲积扇内西北高、东南低，地势平坦，土壤肥沃，水源充足，排水良好，历史上曾是重要的农垦区。北京城恰好位于永定河冲积扇北部的轴心位置，这里既易得永定河水利，又少遭永定河水患。

广袤的北京西山区域，生态环境多样，地理风貌齐全，自然资源丰富，气候温暖湿润，拥有适宜人类生存及活动的场所。从地形构造来看，西山作为北京的“西大门”，连绵不断的山脉在京西地区形成了一道天然屏障，塑造出一片适宜古人类活动的美好家园。与此同时，境内的永定河不仅提供了人类赖以生存的水源，也滋养出一方肥沃的生命沃土。地质资料显示，七千年前，如今海拔 50 米以下的华北平原还是一片浅海，那时的北京湾还是真正的海湾。直到四千年前，北京湾的大部分已经成为陆地，只剩下东南部分还在海面之下。商代后期北京地区原始聚落出现时，古人不可能在北京小平原的东部涉海而过，因而在今天华北平原的西侧，太行山前的山麓地带，既没有崎岖的山地与茂密的丛林，也没有涨落的海潮与泥泞的沼泽，由此成为华北平原交通往来的主要通道。从人类遗址的分布来推测，他们最初立定脚跟的地方，就是位于西山山麓东侧的平原地区。西山东部的北京小平原北侧因为有山脉阻挡，成为从事农耕的先民们的落脚点。

西山山脉是北京早期文明的起源，是由西山地质形成史决定的。北京西山整体走向是东北—西南向，西山地质构造成因是板块内部的挤压导致地形隆起出现山地。从形成年代来看，西山两侧的山地形成更早，中部山区形成相对较晚。自旧石器时代直立人至新石器时代现代人的古人类化石与活动遗址，在北京西山地区都有考古发现。西山地区现今发掘的主要的旧、新石器时代古人类遗址，总计已达 28 处。据古人类学家贾兰坡先生在《中国大陆上的远古居民》一书中记载：曾在北京周口店生活了三十万年之久的“北京人”后裔，其中有一支向西北迁徙到 350 千米之外的许家窑生活，成为“许家窑人”。许家窑位于山西大同东约 60 千米的高阳县，由此可推测“北京人”后裔在向西北迁徙过程中，必然要经过北京的西山地区，位于永定河流域的京西古道，或许成了他们向西北迁徙的通道。

1929 年，中外古生物学者在西山南部周口店龙骨山相继发现了古人类牙齿、骨骼和完整头盖骨及其生活、狩猎及用火的遗迹，证实了这片区域五十万年以前已有人类活动，并命名为“北京人”。20 世纪 30 年代，在龙骨山顶部洞穴中发现了距今约两万年前的古人类骨骼化石，被命名为“山顶洞人”。1961 年，周口店北京猿人遗址被认定为第一批全国重点文物保护单位。1973

年，考古学家在龙骨山东南角的新洞中发现了距今约十万年前的古人类骨骼化石，被命名为“新洞人”。因此，目前在周口店龙骨山已经发现的“北京人”“新洞人”以及“山顶洞人”，说明在五六十万年前至两万年前的这段漫长的时间内，这里一直长期生活着古人类，这也是中国旧石器时代重要的人类活动遗址，具有重大的考古价值与科学意义。

永定河中下游的古人类遗址，以北京城区的“王府井人”与京西的“东胡林人”遗址最典型。1996 年 12 月，在王府井大街以东一大片工地的建筑地基坑槽里，北京大学历史地理研究中心的岳升阳教授首先发现了人类活动的遗迹。随后，北京市文物局组织市文物研究所、中国科学院古脊椎动物与古人类研究所的科研人员对遗址进行了抢救性发掘。此次考古共出土了两千多件石制品、骨制品，还有一批动物骨骼化石，焚烧过的骨头、石头、木炭、灰烬等人类用火的遗迹。根据学者研究，王府井古人类文化遗址属于旧石器时代晚期。“王府井人”遗址是目前北京城区年代最为久远的一处古人类遗址，遗址以充分的证据告诉我们，当人类完成了从树上走到地上的进化以后，在距今两万多年的旧石器时代，一部分古人又实现了从山区的洞穴向广阔的永定河下游平原推进的重大转变。从其旁边的河漫滩沉积物分析，两万年前这里曾是永定河的主河道——高梁河（也就是后来人们所称的“三海大河”）的故道，遗址正好位于东岸堤上。古人类的分布直接说明了永定河对于北京早期聚落形成的重要影响。

1966 年，东胡林村附近的黄土台地发现了古人类骨骼化石，后经中国科学院古脊椎动物与古人类研究所等联合考古发掘，又发现了多具人骨化石以及一定数量的墓葬群、灰坑、石器、陶器、骨器、蚌器等，还发现了用螺壳、骨骼制作的饰品，该地发现的古人类被命名为“东胡林人”，这是属于新时器时代早期的古人类，距今约一万年。20 世纪 60 年代发现这处遗址时[1]，仅仅确定是一处新石器早期的 3 具尸骨的合葬墓，所属文物遗存，除了少量贝壳装饰品外，

---

[1] 周国兴、龙玉柱：《北京东胡林人的新石器墓葬》，《考古》1972 年第 6 期。

仅有 8 件石片，似乎并不能反映原始农业的产生。然而，2001 年，有关考古人员对东胡林遗址进行了深入发掘，出土了大量石器、陶器、骨器、兽骨、人骨等遗存和烧火遗迹；2003 年又进行了发掘，除了大量石器、陶器、骨器等遗存外，还发现一处完整的新石器早期墓葬[1]；2005 年又一次进行发掘，所获更为丰富，不仅有烧火遗迹，还有灰坑、房址和另一处完整墓葬[2]。21 世纪以来三次发掘出土的石器中，除了狩猎所用的石片、石核等外，还有石磨盘、石磨棒、石斧和石容器，均有使用痕迹；所出土的陶器为夹砂粗陶，制作技术原始。东胡林人的发现，是北京地区新石器时代古人类活动的重要证明，对于进一步考察华北地区环境变迁以及史前人类活动都有极为重要的科学研究价值。

随着原始农业的发展，人们走出山洞，在靠山近水的地方定居下来，逐渐产生了以血缘为纽带的原始氏族公社。西山新石器时代的人类活动遗址，出土了大量文物。在遗址上发现七千年前的房址、窑穴，出土大量陶器、石器、骨器、角器。就其相对应的人类历史而言，从母系氏族到父系氏族的炎黄时期，至尧舜禹，直至商周、战国，形成北京早期文明史延续不断的文明轨迹，由此证明北京西山地区不仅是中华民族远古祖先的发源地，也是东方古老文化与文明的中心。从远古深处走来的北京居民，选择在这里生息繁衍，中华民族从这里走来，并不断发展壮大。

西山永定河流域的山岭、河谷、关隘成为历史上拱卫京师的天然屏障，而古人类的活动又为西山地区得天独厚的自然形胜，增添了浓郁的人文色彩。古人类文化遗址的发现与研究，有助于我们认识不同时代人类发展与活动的轨迹，了解本区域历史文化的积淀过程与源头，从科学意义、历史价值、地域特色等方面认识西山地区地质特点与古人类文化内涵，是珍惜、保护、利用地质史与人类发展史留下的这份宝贵遗产的根本前提。

---

[1] 东胡林考古队：《北京新石器早期考古的重要突破》，《中国文物报》2003 年 11 月 7 日；赵朝洪、郁金城、王涛：《北京东胡林新石器时代早期遗址获得重要发现》，《中国文物报》2003 年 5 月 9 日。

[2] 东胡林考古队：《记 2005 年中国重大考古新发现》，《光明日报》2006 年 1 月 27 日。

第四节　地质传奇

地质作为自然环境的组成要素，是人类漫长历史的资源构成之一，除了以独立形态推进人类生活进程外，还具有非常重要的科学及文化价值。拥有丰富地质现象的北京西山，是我国近现代地质科学诞生和成长的摇篮。对西山地质构成的系统考察肇始于民国年间，当时大量学者及相关人士纷纷走进西山开展翔实细致的地质考察，这也是我们从“认识西山”走向“走入西山”“研究西山”的重要转变。

19 世纪中期，外国地质学家就开始了对北京西山的地质考察。1863 年，美国地质学家庞派来对北京西山的煤矿进行调查。1910 年至 1912 年，在北大任教的德国教授索尔格博士在教学之余对北京西山进行考察，并草绘了一幅 1∶200000 的西山地质图。

进入 20 世纪，对于西山的考察进入高峰时期。1914 年，地质研究所教习师生来到西山调查实习，在《地质研究所师弟修业记·范围》中记载：“民国三年夏，始由章鸿钊、虞锡晋两氏，率全体学生同赴西山一带实习。南至磨石口，西至门头沟，东北至玉泉山而抵温泉村，往来凡七日。”1916 年 8 月，在章鸿钊、丁文江、翁文灏以及瑞典人安特生的指导下，中国培养的第一批 13 名地质专业的学生对北京西山进行了较为系统的地质调查，并绘制了首幅 1∶50000 的北京西山地质图（出版时比例尺缩小为 1∶100000）。与此同时，早期从事西山地质调查的叶良辅先生，在其所著的《北京西山地质志》中初步梳理了北京西山的地层、岩石、地质构造及矿产情况，确立了部分地质时代的标准地层。

实际上，在 20 世纪初期，以北京各大高校为主体成员的西山调查一直在持续，成为此后认识并研究西山地质、文化的重要资料来源。1920 年，北洋政府农商部地质调查所进入西山进行系统考察，嗣后由叶良辅编纂的《北京西山地质志》中称："京西之山，统名西山，范围甚广，今兹所测，乃其大部。"本次西山地质考察的范围，北至高崖口—向阳口，南至牛口峪—周口店，西至清水—莲花庵，东至肖家河—颐和园。实际上，除了当时专门的地质考察之外，还有诸多类似于旅行日记、旅行指南等，对于我们进一步了解西山的地理范围提供了更为明确的资料。

《北京西山地质志》是中国首部区域性的地质研究专著。直到 20 世纪 50 年代，这部书及其附图"一直是多所大学地学专业教学的范本"。这项主要由中国人完成的地质调查成果，标志着中国地质调查工作正式开始，而西山则被作为中国现代地质调查的首选对象。这部科学巨著的出版，使北京西山成为中国地质学家关注和考察最多的地方，而这里也成为中国最早培养地质人才和开展地质研究的基地。

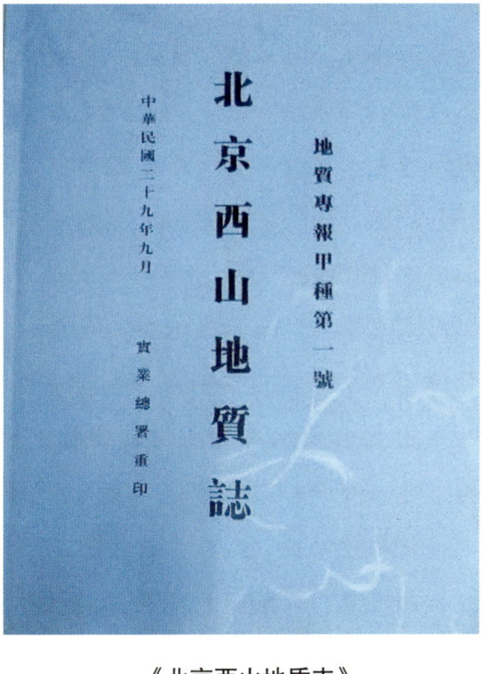

《北京西山地质志》
（来源：侯秀丽）

民国时期对于西山的调查，还有农艺系师生撰写的《西山地质视察记》，其中对于西山地域景色及主要村镇做了详细介绍："西山位于北平西郊，距城约四十里许，其内接太行，外走边墙，嵚崎磅礴，苍莽青葱，为北平之之西蔽。而林木深幽，山湖相映，皆分西山一脉之胜。”关于此行路线及风景，也有诸多描述：“相偕乘汽车经八里庄西北行。时积雨初晴，路尘不扬，西山爽气，接人眉宇。两旁垂杨，微风荡漾，丝丝相连，车行迅速，绿意皆触。良辰美景，令人心中爽悦。几不知，置身车中也。自窗中远眺，见西山平受朝晖，积绿舒光，与玉争碧；而山阳之前，有红墙碧瓦，照耀于青山静水之间，极壮丽宽弘之能书者，殆为颐和园焉。行半时许，至模式口折而西行……此后又行十数里，抵三家店，车遂止于此。”从路线行经来看，当时应是沿着八里庄到三家店的京门路进入西山地区。

当然，此次考察主要以西山地层构造为主，故关于此部分内容的描述尤为详细：

此次吾人所视察之地层，自共剖面观之，多为奥陶纪—古生代层—石灰。其分布最广者，即西山之西南部，平西附近之高山，濯濯而不毛者皆是也。浑河（一名永定河）两岸，三家店之上，古生代层，亦暴露甚多。他若玉泉山、温泉寺一带，与斋堂清水河等处，亦有之。石灰岩，有黑、深灰、灰白等色，层理不清，时层甚厚，望若板岩，间亦有含砂者。此时所见岩石多作块状。而与层理平行之白色石灰岩，甚属少见；多为紫绿色之砂砾所堆积，沉淀而成者，此谓之砾状构造。砂岩之下，即为浑河，窈曲来自西北，以时未届洪汛，故水浅而狭，两旁砂砾毕露，形状匪一，有作多角形者，有作浑圆形者，俱因水力侵蚀与冲击之强弱而异。考砂砾之来源，其因不一。此或由岩石风化而成，或由砂石冲积而沉淀者。缘河岸北行，不数里，则为二叠三叠纪砂岩。所谓二叠与三叠纪者，其间界线，不易区别，依动植物之进化程序而论，则二叠纪砂岩属古生界，植物以松柏科植物为盛，管束隐花植物大衰；动物始发现两栖类、爬虫类。三叠纪砂岩属中生界，植物以松柏、苏铁、羊齿最盛。而管束隐花植物已绝；动物以爬虫类有进步，而有袋类始现也。砂石尽处，则为奥陶纪之石灰岩，吾人先自远方，见有白石叠作块状，而峥嵘于群峰之间者，即石灰岩也。石灰岩原作深灰色，烧后始成白色，吾人达石灰窑后，见以长二尺之尖锐铁凿，于岩石裂隙上，凿一深尺许之小洞，每隔五尺，辄凿一洞。于是每洞俱灌以火药，而燃以药线，石遂炸碎成小块状，复将小块堆积成二方丈之圆状体，内燃以薪，经相当之时间，遂由灰色而变为白色矣。盖石灰石所含成分，为碳酸钙，然烧后，将二氧化碳减去，而为白色之石灰矣。❶

对西山地区特别是其地质构造、地理资源及生物状况均做了详细调查，也为西山地区的早期开发奠定了科学基础。

1921年张念恃、徐廷展所撰写的《西山地质旅行报告》中对于西山地质的科学价值和特征也有非常精确的概括，其中写道："西山一带地质构造，颇为复杂，幅员不数百里，而所得见之地层，几足以代表我国北方。"❷

地质内容之外，关于西山煤矿的分布情况，也是民国时期文献记载的重要方面。如《北京西山地质志》中第五章为"经济地质"，其中写道："煤矿之分布为三内斜山地……煤质有半烟与无烟二种出煤最多。"关于煤炭储量，"煤之层数与厚度随地不同，故储量之估计难以精确，即以厚在一公尺以下之煤层不计，入地凡三百公尺，已开去者六十公尺，比重一三计，则石灰纪煤层应有量为七百万吨，最多量为一万七千九百万吨。侏罗纪煤层应有量为一万四千五百万吨，最多量为五万四千七百万吨。"此外，西山地区还出产用作建筑材料的花岗岩，产地分别在羊坊、周口店及东山口等处。石灰岩主要用作"烧炼石灰"，产地分别在周口店、大灰厂、门头沟以北及龙泉洼等处，"皆有相当产量"。

基于一代代地质学者的研究调查发现，西山地区的地质构造始于上元古

❶ 万群：《西山地质视察记》，《农学周刊》1930年第11月。
❷ 张念恃、徐廷展：《西山地质旅行报告》，《博物杂志》1921年第4期。

界，属于地质历史中的第二个阶段，大约延续了六亿年。这个地质时期有大量的含碳岩石形成，后期地层中已见有低等生物化石，形成了一套标准地层，称为“青白口系”。在青白口系地层中，又分为“下马岭组”“南大岭组”“窑坡组”“龙门组”“九龙山组”“髫髻山组”等不同的地层剖面，在中国地质发展史上具有典型意义。其中，九龙山构造形态属于九龙山向斜的核心部位，地层由凝灰质砂岩、粉砂岩、砾岩等构成，形成年代距今约 1.5 亿年，是侏罗纪时代的典型地层之一，因此该类地层被命名为“九龙山统（组）”。髫髻山又名髽鬏山，形成年代与构造特点与九龙山一致，地层由安山岩、粗安岩、角砾岩、凝灰岩、沙砾岩等构成。西山永定河区域多种地质地貌发育非常典型，再加上考察距离近便，所以出现了许多以本地乡村聚落命名的标准地层，这也表明这里是中国近现代地质学在初创阶段倾注研究力量较多的区域。如作为该类地层的典型被命名为“髫髻山统（组）”，岔道、坨里等典型地层，均以邻近地域村庄的名字命名。

历史上对于西山的认知，经历了多个视角的转变。从西山与燕地间地理位置的辨认，到不断深入西山的观察，再到走出西山以更大范围的视角，不断提高了西山在北京城、京西、太行山区域的历史地位及价值。从西山在中国地质史上的意义和地位来看，北京西山的岩石、地层、地质构造、矿产等地质现象，不仅帮助科研工作者进一步确立了地质时代的标准地层，同时也奠定了北京西山地质研究的基础。

综上所述，作为西山永定河流域颇具代表性的地理单元，模式口古镇无论是自然地理条件、资源禀赋特征，还是文化源流、文脉特征，其崛起与发展，无疑正是广袤的西山永定河区域中不可或缺又独具特色的典型案例。

第二章　过山总路

利用北京西部地区天然的河谷，生活在远古的先民们在漫长的生活和劳作中逐步踏出了一条条绵长蜿蜒的山道，这些道路最初是他们迁徙、探索外界的通道。此后，随着区域范围不断扩大，这些古道逐步成为北京与外界往来交流的重要通道，这便是闻名遐迩的“京西古道”。京西古道的形成与发展，在历史时期曾经发挥了重要作用，以东西大路为主干线，京西古道连接着纵横南北的各条支线道路，形成一个庞大有序的交通道路体系，它们不仅是北京文化的交流通道，也是城市文脉得以形成、丰富并传承的物质载体。如今，延续了数千年的京西古道，走过了金戈铁马，经历了古都兴替，也见证着历史沧桑，成为北京历史文化中重要的历史遗存和文化载体。作为京西古道的一个节点，模式口古镇的崛起与发展无疑与京西古道有着密切关联。

第一节　披山通道

西山纵横的谷地、奔腾的河流与广阔平坦的山前台地，为人类活动提供了天然道路。永定河冲刷的山谷，提供了通向河北坝上、蒙古高原以及山西的道路。京西古道是在永定河河谷的基础上发展起来的。永定河自西北向东南越境而过，连接黄土高原、内蒙古高原、华北平原北部以及沿海地区，是古代人们往来交通的天然通道。绵延穿越于北京西山和永定河河谷的京西古道，自古代先民“披山通道”以来，逐渐成为北京与外界交往的重要凭借。

古代进出北京西山的道路，从南向北，主要有七条：

第一条，从房山区的张坊进山，沿着拒马河谷，经十渡至蒲洼等地。

第二条，从房山区坨里进山，循着大石河谷，经河北、长操、霞云岭等，可到大安山及涞水县野三坡等地。

第三条，从门头沟区的石门营进山，经秋坡等地，可去戒台寺、潭柘寺等。

第四条，从门头沟区大峪进山，循着门头沟经官厅、千军台等，可至大安山、雁翅等地。

第五条，从门头沟区三家店入山，循着永定河谷，经军庄、安家庄等地至雁翅，然后路分三条，一条往北经大村至昌平西部山区；一条西北行，经珠窝、沿河城至河北怀来、涿鹿等地；一条向西南，经军响、斋堂、清水，可至燕家台、齐家庄、黄塔以及涞水县野三坡等地。

第六条，从昌平区高崖口入山，向南可至妙峰山，向西可至长峪城、镇边城等地。

第七条，从昌平区白羊城、兴隆口或响潭入山，西北行出长城，可至怀来县各地。

从京西古道在北京及中国历史发展进程中曾经担负的功能和历史作用来看，其综合了交通、军事、商业及宗教等多重功能。

石景山境内的京西古道，主要指的是西山大道，也被称为京城以西的“过山总路”。西山大道主要有北道、中道、南道三条线路。三条线路实际为阜成门抵西山两条大道的延伸。其中北道为三家店道延伸，中、南道则为石景山道分左、右延伸。

京西古商道骆驼队（老照片）（来源：北京市石景山区文化和旅游局）

西山大道北道，《宛署杂记》有载："西有浑河，三家店过浑河板桥正西约二里许曰琉璃局，又五里曰务里村，又五里曰柔儿岭，又五里曰蝎虎涧，又五里曰牛脚岭，又三里曰桥儿涧，又五里曰落坡村，又五里曰马哥庄，又五里曰桃园村，又五里曰石骨崖，又八里曰王平村……又十里曰王平口，为过山总路。"此道起于三家店，到达王平口镇，长约 32 千米，一般称西山大路正道、北道或北大道，也称大南道，是西山北部山区的主要大通道，北侧村落小古道多汇于此路出山。此道造就了三家店、王平村等村镇，尤其三家店坐拥永定河水运和北道起点，渐成京西重镇；王平村始于北魏军镇，后成此道支点。

西山大道中、南两道起点皆是石景山。阜成门南道至石景山后道分左、右道。右道，《宛署杂记》记载："石景山之右径十里曰大峪村、曰后台村，又五里曰城子村，又五里曰龙门村、曰中峪村，又四里曰东新房、曰西新房，又三里曰门头村、曰要家坡，又二里曰孙家桥，又三里曰梁家桥、曰天桥，又二里曰大横岭、曰孟家胡同，又五里曰官厅村，又十里曰峰口鞍。过岭西曰黄石港，又七里曰抢风坡，又十里曰十字道、曰青山岭，又十里亦至王平口，与前诸道相会于此。"此道便是史上有名的"玉河古道"，又称西山大道中道，自石景山麻峪西出，经大峪村，过峰口鞍、黄石港，达王平口。左道，《宛署杂记》记载："近浑河有板桥，其旁曰庞村、曰杨木厂（沿浑河堆马口柴处）。石景山之左径八里曰曹哥庄，又二里曰冯村，又三里曰上安村，又五里曰新城，又三里曰卧龙岗，又三里曰小园村，又三里曰石门营，又二里曰何哥庄，又二里曰石厂。过罗角岭十里曰张哥庄，五里曰鲁家滩（本村南房山界）。迤西北三里曰新房村，又五里曰平院村，又四里曰草店村，又三里曰羊保园，又五里曰赵家台，又五里曰十字道，又五里亦至王平口。"此道自石景山庞村西出，经曹哥庄（曹各庄），辗转赵家台，亦达王平口。其实沈榜所记并不完整，此道线路于石景山处出发线有两种，除所记外，另有一条自麻峪过河向南，经稻地、曹各庄，过万佛堂、桑峪，走平原、阳坡原，达赵家台与前路相合。两线相合，方为西山大道南道，亦即庞潭古道。

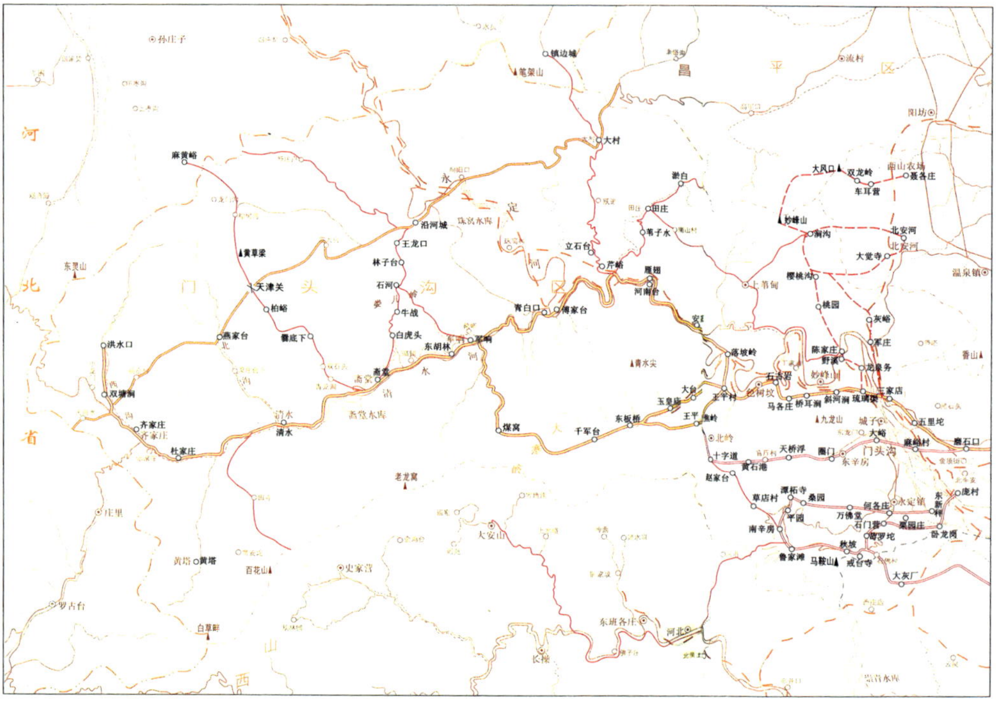

西山大道分布图

（来源：侯仁之：《北京历史地图集（人文社会卷）》，北京，文津出版社，2013年）

西山大道的北、中、南三道终点都是京西古道最为关键的端点——王平口，大道自身也形成了一条辐射范围宽广、沿线村落众多的循环系统，成为北京与河北、山西、内蒙古等地往来畅通的重要基础。

西山古道的通行能力，是保障京城日常生活秩序的重要基础。特别是作为京城煤炭资源的来源供给地，煤道的修整尤为关键。据《重修西山大路碑》记载：“闻造桥梁以济人渡，修道路以便人行，务民之义，此善举之第一也。况西山一带仰赖乌金以资生理，而京师炊爨之用尤不可缺。道路忽而梗塞，各行生计攸关……各处要路冲塌，沿途拦墙倒坏，客商叹息，难以来往。煤驮阻滞，不能运京。由此首事人等会同众村公议，修补费资万数余吊……不足两月，厥工告成。”元明清政府对京西古道曾多次进行修整。

清末以来，随着西山地区煤炭资源得到进一步挖掘，作为运输主道的京西古道也得到多次修整。清光绪二十四年（1898），总督胡燏棻奏请修造京西运煤铁路折："西山一带所产烟煤，专备京城炊爨之用，向用驼运，费重价昂。该府尹现拟将卢沟桥铁路展造至门头沟路，既非遥，需款亦不过巨。"随后光绪帝同意其修路之议，随即批复："著该府尹督饬洋工程司赶紧履勘，估计筹钦兴办，余著照所请办理，钦此。"[1]至此修成了运煤铁道，大大提升了运力。

石景山境内古道初为土路，东起西黄村，西至五里坨与门头沟接壤，长约9.4千米、宽4米。1928年7月28日，《申报》刊发专论《汽车新闻专论北平附近国道近况》。其中说道："北平附近国道，在昔军阀管辖之时，称为京兆国道，为昔北京京兆尹署修建之大道，以利昔京兆各县之交通，固一如欧美各国通行汽车之康庄大道也。所有道路除一二以石子建筑外，余均以泥土筑造。阔者不过三十英尺左右，道旁掘明沟以泄雨水，甚有阔仅十二英尺者。故汽车相交，颇觉困难。该署特设专局以管理之。举凡车捐、建筑、养路事，均由是局办理。道中并设路段，以资稽查车捐，及工程队以便随时随地修补。即以所收车捐，作为国道养路经常费。惟因收入有限，经济困难，未能扩充。近日北平附近名胜之区，均可以汽车直达。每当春秋佳日，中外人士乘坐汽车驰骋往来于国道上者，更仆难数。是则国道之建筑，非特为便利交通，亦为中外观瞻所系也。"鉴于当时道路交通的需要及实际情况，考虑出动兵工进行道路修整。"北平附近国道共长九百三十五华里，设专意经营，成绩必能优良。惜因经济困难，时局又复纷扰，路劫时有所闻，旅客视为畏途。且军阀官僚，不顾路捐。随意通行，是故入更少。又因该国道路面工程，未臻坚固，限定骡车与二吨以上载重汽车不得行走（骡车另有便道通行），奈军人强横异常，管事者动辄受辱，以致骡车及其他载重车过后，路面辄陷成二沟，桥梁亦为之震动损坏。故路工队不得不随时慎重修理，以供汽车之行驶，以是养路之困苦，非笔

[1]《昌言报》1898年10月7日。

京西古商道（老照片）（来源：北京市石景山区文化和旅游局）

墨所得形容。现在国军克复北平，革命业已成功，正拟计划兵工筑路。想日后北平国道，必能修理完整，便利商行也。”[1] 因境内公路不仅担负运煤重任，也是行旅往来通道，故拟出动兵工着手修路。

京西古道作为古人类迁徙的线性通道，见证了人口的迁徙和流动，在北京

[1] 《汽车新闻专论北平附近国道近况》,《申报》1928 年 7 月 28 日。

地区的成长过程中发挥了重要作用。在中华文明史上，无论炎黄会盟，还是中原农耕文明与蒙古高原游牧文明的融合碰撞，大多都发生在京西古道之间。古道与永定河文化相伴相生，丰富的水资源创造了人类生活的基础，促进了当地经济与文化发展。古道承接了完善的经济社会系统，蕴含着丰富的文化遗产资源。京西古道作为一条具有商贸、宗教、军事等多元文化的古道，在时空上具有独特性，在人类文明发展中则具有不可替代性和持续性。

第二节 西山屏障

西山地区横跨我国地势的第二级阶梯与第三级阶梯，这里地形复杂，沟谷隘口遍布，加上永定河谷天然通道的作用，使得这一地区既是军事屏障，又是山前山后往来的通道。但每道大梁间又常有低山隘、长沟谷，这些天然的沟谷、低隘与陉道，便是西山地区交通的基础道路。与此同时，西山地处蒙古高原与华北平原的交界处，乃汉族聚居区北端，游牧民族生活区南端，为农牧两大经济区交会区域，农业文明与游牧文明在交往过程中难免会有碰撞与冲突。中原诸侯及历代王朝大多将北京古城作为东北军事边防重镇，凭借西山、军都山的险峻地势来抵御北方游牧民族的南侵。西山也是隔离与沟通古代游牧民族与中原王朝的中间地带。因此，历代在西山都建起许多关隘军城，同时开辟大量军事用道。《宛平县志》称西山为“神京右臂”，可“据天下之脊，控华夏之防”，战略地位十分重要。

上述自然地理与人文地理的特点，使得西山天然形成了京西地区一道坚固的军事屏障，能有效抵挡来自山外的侵扰。与此同时，“太行八陉”之一的军都陉及一众山间古道的存在，使得西山永定河区域成为不同民族、不同区域之间在军事、商旅上沟通的桥梁。进可攻退可守的优越地位，使得西山地区自古以来就是兵家必争之地。

历史上太行山脉中分布着八条东西贯穿的天然大峡谷，即举世闻名的“太行八陉”，曾经在我国军事史上书写了非常壮丽的诗篇。《尔雅》言：“连山中断为陉。”陉就其原意讲是指自然山脉的中断之处，但就太行八陉来讲，是指两山中断之处的狭长地带所形成的自然道路。“太行八陉”最早见于《读史方舆纪要》转引晋代《述征记》“太行首始河内，北至幽州，凡百岭，连亘十三州之界有八陉”，由南至北依次为轵关陉、太行陉、白陉、滏口陉、井陉、飞狐陉、蒲阴陉、军都陉。这八陉是中国古代连接华北平原、黄土高原和内蒙古草原之间的主要通道，其中军都陉便是北京西山与燕山的分界线。除这些大的峡谷通道，大西山群峰中还有很多崎岖狭窄而隐蔽的谷涧小路，这些小道在战争期间往往也会成为军事往来的主要通道。

除了蜿蜒曲折的军道外，这块山雄地险、峻岭崇山的地段，当年还建有许多险关要隘和铁堡坚城。这条军事防线北接大同、宣化、保安，南接保定、正定、紫荆关、易水、马水口，遥遥数百里连成一线。这些山间古堡互为进退、唇齿相依，构成了京都西部山区的军事屏障。蜿蜒数百公里的盘山古道、数十个古代敌楼连接的内长城和著名的守备中枢沿河城，无不展现着当时作为军事要塞的图景。每当北京面临来自西北的军事威胁时，加强永定河中上游军事要塞的防御能力、扩大防御体系的战略纵深就成为必然的选择，这一点在明朝尤其突出。为了抵抗蒙古势力的进攻袭扰，明朝在长城沿线设置的九个军事重镇，有两个就在永定河流域—— 一个是今天的河北宣化，另一个是山西大同。如果敌骑突入长城关口之内，距离首都北京最近的就是沿永定河谷东进这条线路。因此，西山沿长城一线和各条道路的关口，历来是屯兵布防的重地。境内存在大量关隘、古城堡之类的军事设施。与此同时，分布在这条防守线上的大大小小的古镇村落，则是点缀其中的另一种元素。事实上，在我国建筑历史中，传统村堡是集居住与防御于一身的特殊建筑形式，同时军事聚落是长城防御体系中的重要组成部分。

早在三皇五帝时代，在西山永定河流域就发生过轩辕黄帝三战炎帝，以及其后黄帝、炎帝、蚩尤三个部落的涿鹿大战。“轩辕之时，神农氏世衰。诸侯相侵伐，暴虐百姓。而神农氏弗能征。于是轩辕乃习用干戈，以征不享，诸侯咸来宾从。而蚩尤最为暴，莫能伐。炎帝欲侵陵诸侯，诸侯咸归轩辕。轩辕乃绣德振兵，治五气，艺五种，抚万民，度四方，教熊罴貔貅貙虎，以与炎帝战于阪泉之野。三战，然后得其志。蚩尤作乱，不用帝命。于是皇帝乃征师诸侯，与蚩尤战于逐鹿之野，遂擒杀蚩尤。”[1]黄帝擒杀蚩尤后统一各部落，建都于矾山，后人称为黄帝城。春秋时期山戎侵燕，“齐桓公霸世，北伐山戎，过孤竹西征，束马悬车，上卑耳之西极”。战国时期，为防止胡戎山戎、东胡、匈奴等部南犯，西山地区随之亦建起长城与关塞，用以抵御胡戎侵犯，史料记载：“燕亦筑长城，自造阳至襄平，置上谷、渔阳、右北平，辽西、辽东郡以拒胡。”[2]此后，秦王政二十年至二十五年（前227—前222），秦国攻灭燕国，其进攻路线则经过西山地区。今西山地区的军庄，曾出土燕国兵器青铜剑、青铜戈等，以为佐证。

三国时期，曹魏统治北方，当时魏国的镇北将军刘靖就在西山一带的模式口隘口活动。北魏太平真君七年（446）修筑了著名的“畿上塞围”，史籍记载：“发司、幽、定、冀四州十万人筑畿上塞围。起上谷，西至于河，广袤皆千里。”从地理位置来看，应涉及西山地区。隋唐时期，北方突厥势力强盛，“保有沙漠，自王蕃隅。地过万里，士马亿数……悉众为寇”，对此隋文帝派兵出征。宋辽时期，契丹屡屡南侵，天复二年（902）契丹首领阿保机“以兵四十万伐河东代北，攻下九郡，获生口九万五千，驼马、牛羊不可胜计”。神策二年（917）三月，契丹攻占幽州，节度使周德威集合幽、并、镇、定及魏五州将士拒兵于居庸关之西，最终大破敌军。金元时期，永定河流域的战争一直未能平息，金天辅六年（1122）十二月，阿骨打伐燕京，七年（1123）金太祖率领燕京豪族工匠迁徙内地，将燕京空城予宋。元朝建立政权之前，也与金朝在居庸关、紫荆关等地进行过长期的拉锯战。

---

❶《史记》卷1《五帝本纪》。
❷《汉书》卷33《韩王信传》。

明朝继元朝建立政权之后，因“元人北归，屡谋复兴。永乐迁都北平，三面近塞。正统以后敌患日过，故终明之世，边防甚重，东起鸭绿，西抵嘉峪，绵亘万里，分地守御”。嘉靖二十三年（1544），翁万达“就金长城增筑”。明代在西山地区实行卫所军户制度，从而繁衍而成了许多军户村落。例如军庄、军响、沿河口、石港口、东小龙门口、天津关、爨里口、燕家台、袁家坟等。据不完全统计，西山内此类村落总计30余个，均是军事战略要地，既是西山交通的中转站，又是戍边屯兵的处所。清代在西山地区也沿袭这一制度。清代北京北边亦有蒙古诸部，因此在西山地区也设有军镇。例如模式口，《光绪顺天府志·地理志》记载：“西北三十五里磨石口镇（今模式口），千总驻焉。”彼时模式口修筑围墙、设置谯楼、驻有重兵日夜监守，车辆行人不得通行。可见清代西山依然是护卫京城的要塞。

鸦片战争后，清政府在三家店西南建神机营火药局，成为西山地区火器驻军的开始；光绪九年（1883），改“神机营机器局”；民国初年，又改“陆军部军械局”。民国年间，西山地区曾是军阀混战、抗日战争、解放战争的活动区域，因此建有不少根据地与据点。例如，抗日战争时期西山地区的平西抗日根据地，直接控制着华北地区的交通要道。当时平西地区因为靠近侵华日军华北总部，并且在地理形势上也适宜坚持敌后游击战，所以当时很多优秀共产党员和民先队员都被派到平西领导中国人民进行保家卫国的抗日游击战。新中国成立初期，西山地区仍然是重要的军事重地，塔岭沟沟口、水花峪沟口仍旧驻扎着大量的武警部队，是首都安全最强有力的保障。

如今西山地区仍存留着很多古戏台，沿河城、怀来等古代边关沿线的古戏台尤为集中。戏台是明清时期专门为驻扎在这里的将士举行祭祀大典和娱乐活动的场所，丰富着他们的守边生活。西山地区流传至今的秧歌戏和山梆子戏，题材很多都取自古代战争故事，音调苍劲悲凉，充溢着独特的文化韵味。

第三节　都城所依

据京西地质、特别是京西煤田地质勘探与研究资料表明，京西煤炭资源主要赋存于百花山向斜、髽鬏山—妙庵梁向斜，王平村背斜、九龙山—香峪大梁向斜，红庙岭—八大处背斜，石景山向斜和房山区北岭向斜这五大向斜构造中，并形成石炭纪杨家坨煤系和侏罗纪门头沟煤系。向斜山地貌在京西属于较为罕见的地貌类型，但恰因该地貌在九龙山南麓的出现，使得含煤层出露，并因便利的开采条件令该区域成为元至清京城主要的煤炭供应基地，使西山大路中道成为历史上重要的煤运通道，沿线及周边村落也因煤而兴。

向斜山构造地貌为西山大道中道沿线及周边地区的煤业发展创造了有利的地理条件。《山海经·北次三经》里记载：在贲闻之山和孟门之山，皆“其上多苍玉，其下多黄垩，多涅石”。这里的“涅石”，有可能指的就是煤炭。1972年，山西右玉县（紧邻永定河上游流域）修造常门水库时，在发现的汉墓中出土了大量煤块。这说明最迟到汉代，我们的先民已经开始利用煤炭了。北魏郦道元的《水经注》在谈到流经平城（今大同）的浑水（今御河）时说，该河流的两条支流，均流经火山，山上产石炭，可烧制成焦炭。也就是说，大约在一千五百多年前，大同一带的人们已经开采煤炭。

北京西山煤炭开采始于辽代，元代北京城的煤炭主要来自西山，《析津志辑佚》中专门记载了当时城中煤炭交易的场景：当时的大都城中有专门从事煤炭交易的中介经纪，每年到九月份就买牛装车，前往西山的煤窑去购买煤炭。

他们一般用驴马负荆筐入市，一般从冬月时节延续到来年的春天，冬天因冰坚水涸，牛车可以直抵窑前；及至春天冰解之后，浑河水泛则难行。此外，北京城北山中也产煤，但品质不够好，所以居民一般都不用，其价格也比西山的煤炭便宜。当时城中的煤炭已经有了固定的交易场所，大都城中有专门供柴炭交易的集市，分别位于顺承门外、钟楼、千斯仓和枢密院；另有煤市位于修文坊前。此外，在《马可·波罗游记》中也详细记载了大都城的煤炭使用状况，马可·波罗观察到，当时的契丹境内有一种“黑石”采自山中，如同脉络，燃烧与薪无异。且这种物质燃烧的火候比柴薪为优，如果从夜间开始点燃，可一直延续到次日的早晨也不会熄灭。因这种“黑石”品质优良，所以本地区均以此作为燃料。虽然本地区的木材也较易获取，但较石炭较难燃烧；另外石炭火力更足，价格相较木材也更便宜，所以石炭在当地的利用率更高。元人熊梦祥记载：“西山所出烧煤、木植、大灰等物”，“日发煤数百，往来如织”。由于煤炭已经成为一项重要的能源，元朝在大都专门设置了煤木所和西山煤窑场，负责采办宫廷日常所需煤炭，并兼征收煤炭税。元朝的煤炭税，除大都外还在大同征收，在大都占到了征收税额的95%，可见当时北京地区煤炭交易之活跃。

到明清时期，不仅北京西山的煤炭开采进一步发展，山西北部永定河上源的大同、阳高、怀仁、左玉、朔州等州县，煤炭资源都已普遍开发起来。明代不论是煤炭还是柴炭的需求量都远远超过了元代。明代北京所需的煤炭主要来自顺天府，即京西的宛平县与京西南的涿州、房山县。据洪武年间成书的《图经志书》记载，在北京城西大约七十里有大峪山，山中产煤炭，当时大约有黑煤洞三十多所，本地很多人从事煤炭开采。此外，在西南五十里的桃花沟出产白煤，西北二百里的斋堂村有水火炭，村内有炭窑一所。嘉靖《涿州志》记载：涿州土产有煤二种，“有庖厨中用者，有铁匠用之者，京师及近郊之地甚赖焉”。此外，嘉靖《大明一统志》记载：“煤炭、石灰，俗呼水和炭，俱宛平、房山二县出。”万历中叶，宛平县的煤窑，民窑有上窑 97 座、中窑 126 座、下窑 88 座，合计为 311 座；房山县则有上窑 23 座、中窑 17 座、下窑 12

座，合计为52座。总计两县之民窑，计363座。

值得一提的是，西山地区一直被认为是“关系京城风水”的特殊地区，导致很长时期以来煤矿开掘都在封禁之列。如顺治十二年（1655）题准：西山过街塔山、玉泉山、红石口、杏子口一带煤窑，永行封禁。顺治十七年（1660）题准：浑河大峪山场，关系京城风水，不许开窑采石，违者从重治罪。康熙五十二年（1713）题准：“红石口、蝎子山，自青龙桥迤北，高儿山、破头山、杨家顶一带，均关风水，行文五城等官，通行严禁，毋许采砍。”同年又议定：“西山一带，密迩京城地方，内外官豪势要之家，私自开窑烧煤、凿山卖石、立厂烧灰者，问罪枷一月，发边卫充军。干碍内外官员，参奏提问。”但是，随着京城对煤炭消费的需求不断增长，加之西山煤炭又属价廉物美之品，如雍正年间潘荣陛在《帝京岁时纪胜》中记载：“西山煤为京师之至宝，取之不竭，最为利便。时当冬月，炕火初燃，直令寒谷生春，犹胜红炉暖阁，人力极易，所费无多。江南柴灶，闽楚竹炉，所需不啻什百也。”这是绝佳的比较，呈现出北京用煤的优势。乾隆四年（1739）直隶提督永常疏言：“京城内外，人烟繁庶，甲于天下，惟赖西山之煤，取用不穷。”而乾隆五年（1740），大学士赵国麟奏称：“京师百万户，皆仰给西山之煤，数百年于兹，未尝有匮乏之虞。”为了解决这一问题，清高宗改变既有政策，希望缩小封禁范围，扩大开采的煤窑数目。乾隆十一年（1746）议准：“杨家坨、军庄等在浑河以西之煤窑，甚多位在香山数十里之外，与风水毫无关碍，应听民间开采。而过街塔、于公寺东西一带，现有煤窑数不多，尚易以稽察，且离香山外墙尚有数里，所有现存煤窑，仍准继续开采，不必查禁。至于废闭煤窑，如有欲重开者，亦听任其便。此外，靠近过街塔之天台山、谈玉村等地，如有欲开窑者，须先上书呈明，由地方官详报步军统领、顺天府派官履勘，再酌量情况处理。”

实际上，西山煤炭烧采关系着京城生活秩序，因而禁采之令并没有得到有效维持。乾隆二十六年（1761）年底，清高宗下令：“近京西山一带，产煤之处甚多，现在已开窑口，率以年久深洼，兼有积水，以致刨挖维艰，京城煤价渐为昂贵”，于是命工部、步军统领、顺天府等衙门，“会同悉心察勘煤旺可采之处，妥议规条，准令附近村民开采，以利民用”。[1]工部随即派员前往西山勘查。至乾隆二十七年（1762）正月，大学士兼工部尚书史贻直即对禁令所产生的影响进行了详细报告，其称：“近京一带，西城所属北山过街塔、善化寺、辘轳浆、香峪等处，旧有煤窑八十余座，现开者十六座。宛平县所属门头沟、天桥符、风口庵、王坪口、千军台等处，旧有煤窑四百五十余座，现开者一百一十余座。房山县所属南山车儿营、英水村、狮子岩、长沟峪等处，旧有煤窑二百二十余座，现开者一百四十余座。其各处至京，近者四五十里，远者八九十里至百余里不等。往年京城煤价，每斤卖钱不过四、五文，现涨至每斤七文钱。”关于京城煤价高昂的原因，其分析：一是近来因系夏秋之间，雨水过多，往来贩卖之人，所需运费较前增加，以致煤价稍昂；二是各处煤窑开采者少，废闭者多，山中所产，不足以供应民间所需。为了平抑煤价，保障京城居民生活秩序，其称：西城所属北山废闭煤窑七十余座，尚可淘挖者有三十余座，应令地方官招募村民随时开采。宛平县所属西山煤窑四百五十余座，现开一百七十余座，其中内大岭以东门头沟等村，仅有二十九座；其余八十余座，俱在岭头、风口庵西北一带，“小民越岭贩易，路既遥远，驼运艰难，较岭内价值，未免昂贵”。其未开之三百三十余座，均在门头村、天桥符、东西新房两村南北山坡之下，距京不过四五十里。据附近老人言该地产煤甚旺，但因“历年刨挖渐深，被水浸淹，不能开采”。房山县所属南山未开之煤窑八十余座，除无煤可采及所出为臭煤不堪应用者五十余座外，尚有可开者三十八座，亦应招募村民实时开采。总计西城、宛平、房山所属应开煤窑四百二十余座，分别设法开采，连同现有之二百七十余座，共计二百九十余座，每日所产煤炭无数，“开厂者无可居奇，贩运者易于获利，由出产之地以至京师，价值均可平减”。

---

[1]《清高宗实录》卷650，乾隆二十六年十二月庚午。

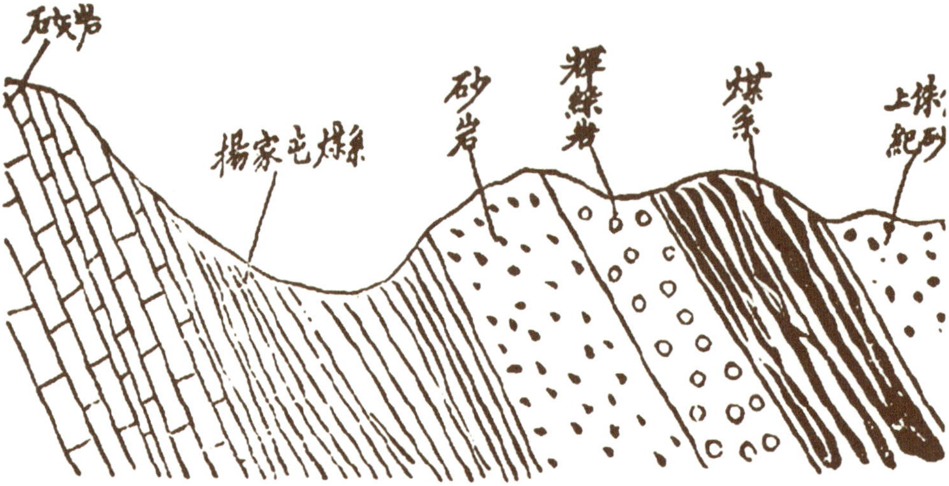

西山煤层分布图（来源：万群：《西山地质视察记》，《农学周刊》1930年11月）

到了清代中后期，随着中国近代机器工业的兴起，人们对煤炭的需求量猛增，于是出现了许多新兴的煤矿产地。而由于煤炭产量的增加，对煤炭的运输需求也在猛增。据《清代钞档》记载：“西山、宛平、房山统计旧有煤窑七百五十座，废闭煤窑一百二十座，停止未开采煤窑四百四十座，在采煤窑二百七十三座。”清代北京日常生活，同样依赖西山之煤炭。顺治年间的宋起凤言：“京师内外，皆取爨于西山之煤。”贾汉复亦言：“都城百万烟火之煤，尽取足于此，则此山之煤，值与金等。”清代《檐曝杂记》记载：“西山煤……京师自辽建都以来千有余年……恒日用所资。”西山的煤炭，是京城日常生活赖以维系的重要能源。

清末以来，为便利西山煤炭的运输，开始在京西地区修筑铁路。光绪二十年（1894）清政府着手在京西建造煤运专线，始命胡燏棻充督办，后又专门改由顺天府府尹责办。自光绪始，外商资本开始引入京西煤炭开采业，先后设立了中美合办通兴煤矿、中比合办裕懋煤矿、中德合办天利煤矿等。其中通兴煤矿自 1911 年之后改为中英合办，是当时京西地区最大的煤矿之一。

一直到民国年间，北京（北平）的居民使用煤炭更加普遍，当时分布在内外两城的煤铺多达一千四百五十余家；煤炭销售额每年则多达二十余万吨。这一数据还不包括柴炭在内，而柴炭的销售额肯定要超过煤炭。民国年间，京西地区煤矿建立起了一套煤矿工人雇佣制度，并区分工种为里、外两种，里工是具有一定技能的固定工，由煤矿公司直接雇佣；外工则是矿上的临时工，主要分布在井下生产一线和其他属于繁重体力劳动的岗位上，采取包工柜的管理形式。对于煤工的考评管理，也制定了一定的奖惩制度。如“通兴煤矿合同”显示，“凡工人无故不到工者，按日扣去工食钱一天；如系勤劳者，每月酌给奖银，以明赏罚”。不过，在煤窑硬件条件未能彻底提升，保障体系也尚未健全的情况之下，煤矿工人的境遇并没有得到有效解决。矿区流行的歌谣“厚铁板、窄又长，上边爬着穷儿郎，饿着肚子把煤推，不知小命在何方”，是当时矿工凄苦生活的真实写照。

第四节　四方之极

历史时期西山地区对本地资源进行了有效开发，山的孕育与水的滋养，造就了多种多样的物产资源，不仅养育了西山的居民，也为都城北京及相关区域提供了丰沛充裕的日常生活来源。

西山地区水源丰沛，除流经本域的永定河外，还有众多名泉，汇成多条河流，分布在今天北京城区大部分区域，为人们生产、生活间接提供了充足的水资源。西山地区处于农耕文化及游牧文化的交汇地，西北的游牧产品、东南的农产品，皆经由西山古道贩运而来。而西山本身粮食、木材、煤炭等物产也十分丰富，大量物产运往关外和京城，成为华北地区物资流通的主要线路。其中西山连绵的山脉以及永定河流域中上游，则是辽、金、元、明、清时期北京城市建设所需材料的主要供应地，丰沛的森林资源也曾为京城提供了燃料及建筑材料。

汉代因北方民族内迁，遂于上谷郡的宁城开通互市，作为双边贸易之处。其后又利通北京小平原的蓟城等地，开设互市之所，据《后汉书·刘虞传》记载："开上谷胡市之利，通渔阳盐铁之饶。"延至隋唐一统后，南方物产也被大量运输到北方进行贸易。根据《资治通鉴》记载：后梁开平元年（907），"卢龙节度使刘仁恭，悉敛境内钱藏于山巅，令民间用堇泥为钱。又禁江南茶商无得入境，自采草木为茶，鬻之"。据考证，刘仁恭筑馆藏钱之地便在今天的西山境内，所禁区域主体也在西山一带。而禁止茶商入境贸易，可知当时商业网络已经到了江南区域。辽代西山地区贸易道路及活动范围得到了进一步拓展。《辽史》记载，辽圣宗于统和七年（989）三月："丙申，诏开奇峰路，通易州市。"金以降，在今河北地区的怀来等地逐渐形成了专业的粮食市场，据《金史》记载，大定二十一年（1181）六月，世宗"命修治怀来以南道路，以来粜者"，为了便利粮食运输，曾经修治怀来以南的官道。明代汉蒙于西山地区多有征伐，但贸易往来也更为频繁。明隆庆四年（1570），明蒙双方达成协议，停止争战，开放互市贸易。此后，明廷开放宣府至甘肃一线的11处马市，也带动了西山地区对蒙古的贸易沟通。这些贸易与集市的活动长期延续，使西山出产的石材、煤炭、果品、矿物等物产得以运出，供应北京城及平原地区的居民消费。

除了作为商业贸易的转运枢纽外，西山地区也为京城提供了丰饶物产。明代张鸣凤在《西迁注》中描述："内接太行，外属诸边，磅礴数千里，林麓苍黝，溪涧镂错，其中物产甚饶。"其中饶富地利的石景山，不仅拥有丰厚的煤炭资源，还有丰富的森林和矿石资源，为北京城的日常消费提供了重要的能源供给。

由于水源丰沛，永定河流域（尤其是中下游区域）在历史上属于开发较早、农业较发达地区。自古以来，人们因地制宜，创造出很多种引水灌溉的方式，留下了丰富的农田水利建设经验和文化遗产。

戾陵堰与车箱渠是历史上北京地区第一个大规模引永定河（㶟水）灌溉农田的水利工程，是三国魏镇北将军刘靖创修。刘靖与其父刘馥、其子刘弘，是中国历史上少有的祖孙三代致力于兴修水利的杰出人物，并对后世的水利事业产生了深远的影响。《三国志》记载，刘靖非常重视百姓疾苦与农业生产，"富民之术，日引月长……农器必具，无失时之阙。蚕麦有苦备之用，无雨湿之虞。封符指期，无流连之吏。鳏寡孤独，蒙廪振之实"。由大司农卫尉迁镇北将军、假节都督河北诸军事之后，"靖以为'经常之大法，莫善於守防，使民夷有别'。遂开拓边守，屯据险要。又修广戾陵渠大埸，水溉灌蓟南北，三更

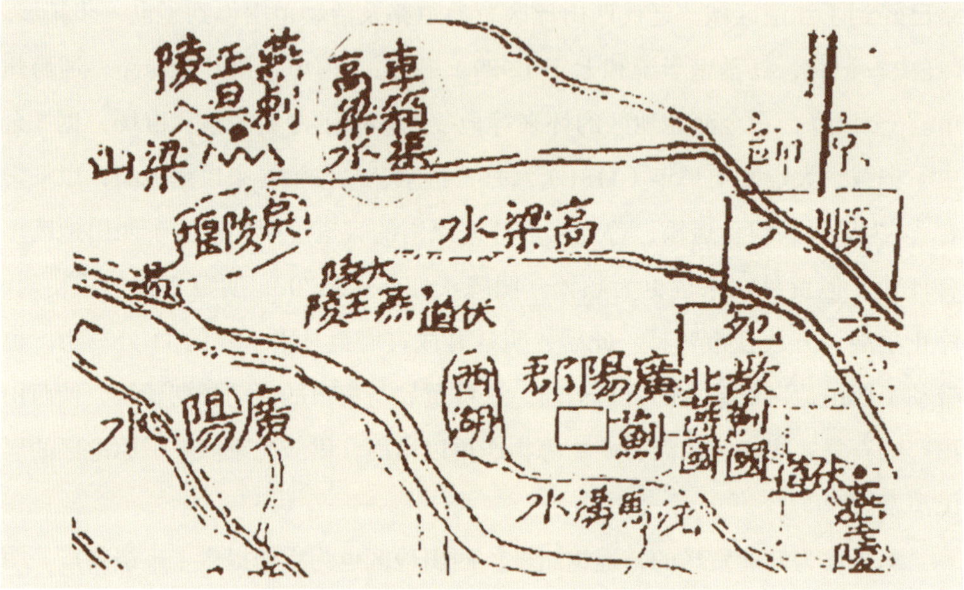

戾陵堰与车箱渠（来源：《水经注图》）

种稻，边民利之”。[1] 为了保持边境地区的长期稳定，刘靖一方面加强险要地段的军事防御，另一方面开渠引水灌溉农田、种植水稻，解决军粮供应与地方经济问题。

到了西晋元康四年（294），刘靖的小儿子骁骑将军、平乡侯刘弘，被朝廷任命为使持节监幽州诸军事、兼任护乌丸校尉、宁朔将军。此时，距离他父亲刘靖主持修建戾陵堰，已经过去了 46 年之久。元康五年（295）六月，灅水上下洪水暴发，毁损了戾陵堰四分之三的坝体，导致车箱渠渠道无法容纳洪水而四处决溢。刘弘追思前辈修建戾陵堰的功勋，亲临实地考察山川形势，指导制定河渠治理的规划方略，建起灅水沿岸的长堤，恢复多处被冲垮的石渠，维修遭到山洪重创的主遏，改造已经不敷应用的水门。刘弘恢复了车箱渠水路畅通、便利民众的功能，所有工程一律严格遵循旧有规制，总计用工四万有余。

[1] 《三国志》卷 15《刘馥传》附“刘靖”。

从三国至西晋，利用戾陵堰与车箱渠引灅水灌溉蓟城南北的广阔土地，持续获益数十年之久。晋室南渡之后，北方陷入了战乱频仍的十六国时期，这一大型水利工程因年久失修而废毁。到了社会相对稳定的北朝，戾陵堰与车箱渠这套灌溉系统又曾几度兴复。

北魏孝明帝时，裴延儁任平北将军、幽州刺史，在水旱灾害频发、民众饥寒交迫的情况下，他上表提出修复废毁多年的督亢渠、戾陵堰和车箱渠等旧有渠道："范阳郡有旧督亢渠，径五十里；渔阳燕郡有故戾陵诸堰，广袤三十里。皆废毁多时，莫能修复。时水旱不调，民多饥馁，延儁谓疏通旧迹，势必可成，乃表求营造。遂躬自履行，相度水形，随力分督，未几而就。溉田百万余亩，为利十倍，百姓至今赖之。"[1] 督亢渠在今河北涿州一带，裴延儁对勘测河道形势在内的各个环节事必躬亲，安排各级官员分头督促，不久就完成了整修渠道的任务。整修后的灌溉面积达到一百多万亩，收益为旱地的十倍，直到北齐时期仍在造福百姓。

北齐河清三年（564），斛律羡担任使持节都督幽、安、平、南（营）、北营、东燕六州诸军事，幽州刺史，对幽州农业生产十分重视，他兴修水利，囤积军粮，积极防御突厥。天统元年（565），斛律羡："又导高梁水北合易京，东会于潞，因以灌田，边储岁积，转漕用省，公私获利焉。"[2] 斛律羡把高梁水向北引入易京水（《水经注》作"易荆水"，即今温榆河），再向东注入潞水（今白河），利用了车箱渠故道并有所扩充，灌溉了沿途的大片农田。"转漕用省"一语说明北齐向幽州地区运送粮饷已由陆运改为水运，官方因为水运节省费用而减轻财政负担，幽州百姓则随着引水渠道的延长扩大了灌溉面积，由此得到公私获利的社会效益。

隋唐时期在桑干河（古永定河）下游引水灌溉土地、种植水稻的事迹，也

---

❶《魏书》卷 69《裴延儁传》。

❷《北齐书》卷 17《斛律羡传》。

见于文献记载。唐高宗永徽年间，“裴行方检校幽州都督，引卢沟水广开稻田数千顷，百姓赖以丰给”。[1]裴行方的举动与东汉张堪和其后的姜师度开渠种稻有异曲同工之处。

北京地区的稻作历史，可以追溯到东汉渔阳太守张堪在今顺义地区种稻的时代，嗣后又有三国魏刘靖开车箱渠引水灌溉蓟城南北土地，“三更种稻，边民利之”，但这些都与京西稻无关。清代康熙帝在《几暇格物编·御稻米》中记载，他在中南海丰泽园偶然发现一棵植株高大、早熟数月的水稻，于是专门留下作为稻种。经过多年的反复种植和优选，培育出“色微红而粒长，气香而味腴”的御稻米。这个优质品种从皇家苑田推广到玉泉山下，康熙年间就有四十余年作为御膳房的专用稻米。

林衡署是明代上林苑所属机构的一部分，设掌署官一名，贴署、佥书各数人，职责是“岁办进贡果品”。林衡署建于明代永乐年间，管理全国的进贡果品质量和进货渠道，在辖地建有果品实验基地，研究品种的改良。明代《京师五城坊巷胡同集》记载：沿鲁姑村经东安祖西行有林衡署。并特地加注解，在林衡署后有“果户”二字——由此拉开了京西果品特产的序幕。《天府广记》在“明代上林苑”条目中说：“林衡署原额地百十六顷十六亩分。岁办进贡果品。五月份进黄杏，六月份进李子，七月份进花红，八月份进唬喇槟，九月份进香水梨。”《群芳谱》记载明代的黄杏：“金，圆而黄，热最早，味最胜。一名汉帝杏，谓武帝上林苑遗种也，大如梨。”此类黄杏成了北京今天的特产之李子。明代大文学家徐渭咏京城的李子云：“闻种夫人异，燕枝嘉庆同。蹊堪为李广，核可付王戎……来忆滋味，能引几时浓？”花红，又有沙果、槟子、花红果之分，统称为林檎。康熙皇帝有《御制咏林檎》诗：“野果初来上林东，紫红鲜品进离宫。虽然不及群珍味，也有微诚在此中。”

[1]（宋）王钦若等辑《册府元龟》“牧守部·兴利”。

关于上林苑的景象，见于当时的文人笔记。如李时勉《北京赋》中记载："其西则有崇山郁翠，高挹泰岳……其麓则有浑河汤汤、西湖泱泱……又有上林禁苑……则有奇花珍果，嘉树珍木。"清代《燕山记游》记载："石径山孤峰特立，洞皆凿石而成。最上为金阁寺，有塔，宜远眺。东南行至林衡署，有古松数百株，参错平野间，其地盖先朝果园也。"为保护林衡署，永乐皇帝下令："凡牧养栽种地，东至白河，西至西山，南至武清，北之居庸，西南至浑河，一应不许于内围猎。有犯禁者，每人罚马九匹、鞍九副、鹰九连、狗九只，银一百两，钞一万贯，仍治罪。虽亲王勋戚，犯者亦不饶。"对于周边居民栽种区域进行了严格限制，如有违反者治罪。

除了农业，西山地区还盛产木材、石料等物产。潭柘寺据以命名的潭柘山是西山余脉之一，史称柘树"林林千万章"。明末《帝京景物略》记载，画眉山"产石，墨色，浮质而腻理，入金宫为眉石，亦曰黛石也"。据此可知，画眉山出产的画眉石，用途类似于今天的眉笔，早在金代就成为宫廷妇女的化妆品。门头沟琉璃渠，是元代琉璃局烧制皇城所用的琉璃瓦件之地，明代谐音称作琉璃渠，作为北京宣南琉璃厂的辅助窑厂。光绪二十六年（1900）庚子之变过后琉璃厂失火，琉璃瓦件全部改由琉璃渠烧制。元代营建大都与明代营建北京，所需的石材和石灰主要取自西山及其余脉马鞍山等处。丰台长辛店西北的大灰厂，以盛产石灰得名。万历《大明会典》称："永乐以后，马鞍山、磁家务、周口、怀柔等处，各置灰厂，俱以武功三卫军夫采烧搬运赴京，修理内外公廨应用。"大灰厂与附近盛产石灰的后甫营、羊圈头等地，都位于马鞍山的东南麓。烧制石灰的传统延续到当代，采石烧灰的地点又向西延伸了数里。《日下旧闻考》中提到，房山黄龙山下的大石窝，"前产青白石，后产白玉石，小者数丈，大至数十丈"，明代工部设提督管理石材生产，"宫殿营建多采于此"。嘉靖年间建造北京九庙，"大柱石礎取诸西山，每石用骡二百头拽，二十五日至城"。到清代，大石窝、马鞍山以及同属房山的磁家务、周口等处，仍然是开采石材与烧制石灰之所。

蜿蜒绵长的京西古道，从最初的自然区域指称，到后来的多重文化符号，其标识的地理空间和人文意蕴是因时而异且不断变化的。从一条人类迁徙的自然之路，成为承担、沟通北京与山西、内蒙古高原，维系京东平原以及京城与京西山地的往来要道，担负着华北平原之间交通、物产交换、宗教活动和军事防御等多重功能。在漫长的历史发展、多元文化交流中，不断融会贯通，不仅实现了地区的自我发展，更是成为这条生命线上不可或缺的一个支点。

第三章　西山明珠

西山与永定河孕育了北京的早期文明，四通八达的水陆交通沟通了物流往来，京西地区的物产资源则为本地区提供了丰富饶裕的生命养分。拥有得天独厚的地理位置，使得京西地区在漫长的历史发展进程中，依托于本地区的资源禀赋和地理条件，逐渐形成了独具特色的聚落和村镇。它们犹如颗颗耀眼明珠，镶嵌在山水相融的京西大地上，将北京这个全国文化中心的文化积淀、发展脉络以及区域文化特征一一呈现，为我们展示了北京文化发展的深厚土壤、时代背景和生长形态。

第一节　燕都仙山

石景山是西山山脉的一支，雄踞于永定河出山口，是北京小平原地貌的轴心，可俯视壮丽的永定河与北京城，号称“燕都第一仙山”。石景山古称梁山，元称石径山，此外又有孟家山、骆驼山等名称，还有与石景山发音相近的湿经山、石经山、石井山等。因明朝山上有金阁寺石经台、藏经洞而名石经山；又因民间传说此山从前只有石头，无其他景致，故名石景山；此后又称湿经山、石井山；又以此山形似骆驼而有骆驼山一名。

石景山以形而取胜，据明代《宛署杂记》记载，该山“乱石嵯峨，高出众峰”。实际上，书中写有石景山及石山两个条目，从具体名目来看，可能属同一处。其中，关于石景山的描述为：“在县西北三十里玉河乡，乱石嵯峨，高出众峰。”另有石山，“在西北三十余里玉河乡，呼石经山，以山多石，故云。山最高耸，东望神京，南望芦沟，西北望浑河”。从石景山或者石山的地理位置和景致描述来看，两山即使非同一处，也应该是地理位置十分临近。

石景山景致十分优美，在历史文献中有着丰富的记载，比如“果木绕于墙垣，流水周于舌下，西山一片居然在几案间”；又有称石景山“孤峰突兀，与一带名山遥遥相接，又兼左连帝都，右绕长河，每当风止雨收、烟消日出之际，纵目而视，罗列万状，亦千古之伟观也”。其中流传较广的描述，则是明代万历年间重修的《石景山天主宫碑记》中记载：“神京之西四十里许，山曰石经，又云湿经，亦名石景。惟山雄峙一方，高接云汉，钟灵秀之气，郁造物

石景山全景（来源：《河北建设公报》1929年第9期）

之英，真为燕都之第一仙山也。”可见石景山在当时已经颇具盛名。

清朝康熙帝十分钟情西山风景，曾多次游览石景山，并先后撰有《石景山东望》《驻跸石景山》《石景山望浑河》等诗作。其中在《石景山东望》中写道：“车书混一业无穷，井邑山川今古同。地镇崚嶒标异秀，凤城遥在白云中。”山峰耸立、视野壮阔之景可见一斑。

石景山在大西山山脉中又属于晚三叠纪地层，这种地质构造主要以杏石口一带的地层最典型，因而被命名为“杏石口组”。在今北京西山地区主要分布了五处著名的第四纪冰川擦痕遗迹，其中分布在石景山区境内的就有三处，分别是模式口、隆恩寺和八大处。冰川擦痕遗迹的发现，是中国在史前时代地质活动发生的重要证据，也为之后解释北京地区古人类出现、活动等提供了地理环境的解释。其中，模式口冰川擦痕位于模式口村北的福寿岭南坡，永定河引水渠北侧。1954 年夏，模式口冰川擦痕被中国著名地质学家李捷发现，后经地质学家李四光考证、确认，并得到了国际专家的认定。1955 年，模式口冰川擦痕由地质部和北京市人民政府商定立界保护，1957 年被公布为北京市文物保护单位。模式口冰川擦痕形成于距今 300 万年至 100 万年的第四纪，由于冰期、小冰期的气候变化，冰川泥石移动，底部挟带的砂砾在基岩（侏罗系玄武岩）表面上刻画出独特的痕迹，形成擦痕。该擦痕多呈钉头鼠尾状，清晰可辨，集中成片，保存完整，在中国北方是比较典型的。石景山区第四纪冰川擦痕的发现，验证了我国北方地区几百万年前的地质变动，对于当代进行第四纪冰川学、气候变迁、地质构造、地质勘探、水文地质以及古生物分布、史前人类活动提供了重要研究资料。

中国自古是以农业立国的国家，农民是人口的主体。因此，中国村落的发展历史悠久，北京地区也不例外。新近发掘的大量新石器时代考古成果证明，大约在七八千年前甚或更早，农业生产活动就已在我国广泛出现，在一些新石器时代文化遗址的发掘中，出土了大批石磨盘、石磨棒、石斧、石凿、石铲、陶器，陶质猪头、羊头，粟、稻等粮食遗存，就是无可辩驳的证据。进入新石器时代之后，从事农业生产的人们所居住的村庄也就随之形成。在北京西山地区，已发现多处新石器时代文化遗址，说明大约在五六千年前或七八千年前，西山地区已有原始村落出现。

石景山地区产石，是北京地区最大的采石场之一，其中一处位于房山的大石窝，以出产汉白玉石料闻名，另一处即是石景山。元代以来，石工在石景山上采石以供都城，“土人伐石，岁给都人，石田是耕，不避坚厚”。石景山的山体为大青石构造，这种岩石在地质学上称为板岩，由沉积的页岩变质而成，成分主要为石英和绿泥石。大青石坚硬质密，不易风化碎裂，便于刻写碑文，使用十分广泛。据《石景山——燕都第一仙山》记载，石景山上有诸多古代采石痕迹。

其一在东坡配水池附近。白屋东南有一方约 500 平方米的配水池，水深 5 ～ 6 米。水池东面有建筑，以鹅卵石砌成，建筑高 2 米，顶上为承露盘，亭身为圆柱体。在其东、西两面各镶嵌一块青石板，其中在东面石板阴面刻写

“配水池”三字。配水池的西面为人工开凿的悬崖峭壁，上面存有古人凿石的痕迹。东面坡下的山体碎石，是古代石塘的遗址。

其二在北坡洞穴前。北坡的中心处有一处石窟洞穴，石窟之前有人工开凿的峭壁，裸露的大青石上存有明显的石阶和凿石印记，这里也是一处古代石塘遗址。

其三在西坡仿古楼阁下。整座西坡有 10 ～ 20 米的断崖，并一直延伸到晾经台附近，其顶端有明显的古代采石痕迹。

其四在南坡。发现了多处采石坑，大部分山地被古代采石剥落山体所掩盖。

其五在今三高炉东面。北辛安任家在今三高炉东面曾有“任家石塘”，以开采石料为生，成为该镇的富户。

京西地区分布着数量众多、历史悠久的古村落。以石景山区为例，庞村曾见于唐代墓志，石景山南部的衙门口村和顺义西北的衙门村，曾分别是明代朝廷设置的林衡署（为皇家经营果园、苗圃、花卉等）和良牧署（为皇家牧养猪、马、牛、羊）所在地。

古城村位于石景山区西部，在长安街西延长线上，又名老古城，是石景山区历史上较大的村落之一。为何称古城村，这个古城是指哪个具体的城，至今还是一个谜。1995 年，在古城村西出土了两块晚唐墓志，记载墓主人“殡于幽州幽都县西界三十里房仙乡新安里岗原”，这说明古城村在唐代称新安里。这是目前了解古城村悠久历史最为直接的一条证据。但新安里到古城村是如何转变的，还是一个未知数。

鲁谷村位于石景山区东部。根据史书和墓志所载，至迟在辽代这里已成村。《辽史·韩延徽传》载：“葬幽州之鲁郭，世为崇文令公。”后来在石景山区八宝山地区相继出土了多方辽金墓志，都提到了鲁郭里。如辽代《韩佚墓志》：“统和十三年六月一日寝薨于平州之私第……即以丁酉岁五月十九日葬于幽都县房仙乡鲁郭里之西原。”房仙乡在唐代就已存在，也有相关墓志可以证实。考古人员又在石景山区发现唐代房仙乡的两个村落，即庞村和新安里。据此，赵其昌等学者推断鲁郭里在唐代时已成村。不过，这仅是一种推测，毕竟没有直接的史料或考古证实。元明清时期，鲁郭或称鲁姑、鲁国、鲁谷，实指一地。

麻峪村位于石景山区西部，南与门头沟区接壤，西濒永定河。1971 年，麻峪村出土了一批辽代铁器，有农具，也有生活用具，证明这里在辽代时已是一个以农业为主的村落。元代《析津志》记载："浑河金口铜闸，在宛平县西南三十五里东麻峪，乃卢沟之东岸。"浑河穿村而过，麻峪一分为二，形成东麻峪和西麻峪两个村。《元史》中也记载："卢沟河，其源出于代地，名曰小黄河，以流浊故也。自奉圣州界，流入宛平县境。自都城西四十里东麻峪，分为二派。"东麻峪就是今石景山区的麻峪村，西麻峪就是门头沟区的大峪村。1985 年在大峪村南发现一座元代石椁墓，出土一件砖质买地券，写着"至正二年十二月二十四日殁故相地袭吉宜大都路宛平县玉合乡西麻峪村南安厝宅兆"。西麻峪在明代改称大峪，东麻峪自然也就称麻峪了。明代《宛署杂记》记京西古道时也称"麻峪"了。

模式口，位于石景山区西部，原名磨石口，为石景山区著名的古村落之一，2002 年被列为北京市历史文化保护区。因地理位置独特，抵山靠河，地险易守，出入山口之所必经，故为京西一大关隘。村中有三里长的古街道，东去京城，西连煤城和大西北，是元明清三代主要的运煤通道。口外的皮货、药材也源源不断地经过磨石口运入京师，形成著名的"驼铃古道"。磨石口传说内容丰富，有反映帝王将相与磨石口关系的，有反映老百姓生活的，还有名人轶事等，情节生动，许多与史实相符，具有明显的地域文化和地理特点，现被列为市级非物质文化遗产项目。模式口附近的名胜古迹很丰富，有以明代宫廷壁画闻名于世的国家级文物保护单位法海寺和承恩寺，有市级文物保护单位冰川擦痕、田义墓，还有龙泉寺、四柏一孔桥、永济寺、万泉寺遗址等十几处文物古迹。如今，该村正以模式口驼铃古道为轴心，联结周边文化遗迹，实施综合保护与开发，打造石景山区古村落的文化品牌。

明清时期石景山地区得益于丰富的煤炭资源和交通枢纽地位，也形成了多个商业古镇。如清代《天咫偶闻》记载："石景山，正临浑河由西来，侧面视之，形正如伏驼之负物。驼黄色，所负青色，所以西山之下，明驼络绎如贯珠也。"旧时石景山内的古道行旅络绎，商队迤逦而行，驼铃声声不绝于耳，形成了一条鼎盛的商业街市——模式口。此外，从石景山境内的模式口古镇往西，京西古道进入石景山区的最后一站——五里坨。旧时曾有两条古道至五里坨会合：一条出阜成门，经磨石口达五里坨；另一条从香山碧云寺出发，经潭峪达五里坨。需要注意的是，位于交通节点上的五里坨，不仅是京西商业贸易的集散市场，也是古代进香的必经之地。

作为京西古村落的典型代表，石景山地区的聚落和村镇是我国古典建筑艺术的经典之作，是民间文化的载体。在这里人们可以看到传统文化艺术对民间生活各个角落的渗透，体现着不同时代的历史风貌。古村落民居精美的木雕、砖雕、石雕注入了精致、空灵的意境，让人赏心悦目，品味无穷。自然风光与人文景观交相辉映，蕴藏着浓郁的民俗风情和丰厚的乡土文化。此外，古村落也将人类的生活方式和文化信息，通过凝固的建筑和非物质文化遗产传承给了后人，为昔日历史和文化打下了深深的烙印。在民间风俗上，既有汉族的广泛信仰，又有满蒙等少数民族的融合；既有京郊民俗的普遍性，又有山区民俗的独特性；既有农业文明的一般性，又有工业文明、商业文明的特殊性；既有悠久的民俗传承，又有新时代、新风尚的创新与发展。

石景山远景（来源：北京市石景山区文化和旅游局）

第二节　驼铃古道

西山大道上深深浅浅的蹄窝，走过历史的车轮，走过形形色色的行商客旅。历史在向前发展，只有印记，昭示着西山地区的兴盛与繁荣。模式口古镇位于北京西部通往河北、山西、内蒙古的交通要道上，曾经是经由西山大道往来行旅的重要通道，也是行旅中途打尖的站点，蜿蜒的永定河峡谷更是将关外坝上与北京平原联系了起来。因此，在其境内，年代久远的山间道路密如蛛网，既有北京通往西山腹地的交通干道，也有联系险关要塞、边城重镇的军用山道；既有外运煤炭、山货的商旅大道，也有四面八方进香赶会的香道。据当地的老人回忆：旧时的磨石口，天刚放亮之时，远山近水，都在一片静谧之中。而城门一开，商旅出行，驼铃声声闻十里，驼马嘶鸣屡屡相传，人们往来问讯，店家送往迎来，山回人声，水返驼影，古道上熙来攘往，络绎不绝。

驼铃古道的得名，目前尚无明确史料记载。今天所说的驼铃古道，指的是古代经石景山通往塞外的贸易通道。因当时有驮运货物的骆驼队往返于此，悠扬的驼铃声从远到近，让这条古老的官道充满着生机。据后人回忆，20世纪50年代，“住在法海寺，每天都能听到过往的驼铃声，特别是傍晚以后，驼队从磨石口西边的山里往东边来，叮叮当当的驼铃声就越来越近了。约半个时辰，驼铃声就停了，那是驼队从村西进了模式口村，驼队就在村里歇息、打尖了。村里路边有钉马掌的、饭铺什么的”。这条从磨石口村穿越而过的驼铃古道，东连京城，向西进山后经过永定河，直通塞外。

据史料记载，唐朝天宝十四年（755），安禄山起兵叛乱时，西山地区就有往来运送物资的驼队。清代中叶以来，随着运煤骆驼的增多，北京地区形成了专养骆驼的“驼户”。据地方资料记载，京西三家店、五里坨、模式口、北辛安、古城村、京南良乡、大红门一带有不少驼户，其中石景山的衙门口有“骆驼会馆”，京西地区骆驼业的发展，显然与驼铃古道的兴盛息息相关。

民国时期西山古道上的驼队
（来源：北京市石景山区文化和旅游局）

明清以来，往来京西古道的客商行旅日益增多，从诗文《从磨石口至翠云庵》中可窥见路线及路况：“乱石山中崎岖路，时听征车撼石声。行过翠云尘乍少，马头麦浪绿初成。”诗文描述了行旅络绎、辎重行经时的车轮声、马蹄声和人声，响彻于磨石口至翠云庵一路，可见当时行道之忙碌与兴盛。清代编撰的《日下旧闻考》亦载："自南山磨石口登海会寺，寺当山缺，远见卢沟桥在数十里外，桥柱历历可数。"该书对于海藏寺的记载，也能从侧面管窥模式口之地势。"海藏寺径旁多嘉树，四山骈罗，寺若当玦口，殿方丈最高，望卢沟桥车骑可数。"可见当时的模式口在京西古道中所处的枢纽地位。

民国以后，随着京西煤炭业的发展，从阜成门至门头沟的公路也日益繁忙，集公路、旅游观光及运煤等功能为一体，昔日的驼铃古道，在新的历史背景下有了更多功能。据当时报道称："门头沟路由北平阜成门外小黄村起经磨石口至门头沟止，曰门头沟路。此路原系石子路，修成之后迄今十载，未曾翻修，加以路近山脉，时被山水冲刷，以故路面石子多数分离，坑坎不平，行驶困难。"基于"此路系运煤之要道"，故公路局呼吁商人集资予以修缮，"又不能不等备劝导商人集资办理，所有工程空费本局并不经手以免商人疑虑，修成之后，准商人行驶汽车，免征路捐数年，但该路仍归本局管理以重路权"。实际上，当时斥巨资修整后的门头沟路焕然一新，成为民国年间前往西山游览区的主要通道。

1925 年 10 月，"门斋铁路修筑岔道"，此次修筑岔道，一方面直接沟通了京西与京师的铁路线路，与此同时相关站点的设置也强化了各区域的直接联系。消息称："京西门斋铁路，业已通车数日，转运煤斤颇称便利。惟该路仅由门头沟直达斋堂，若往京师转运煤炭等物，须转挂京门支路车头，不但耽延时刻，于手续上亦感困难。现在该路总办吕光耀迭与工程处筹议，建筑门斋铁路岔道。其修筑之计划，拟由门头沟车站往南，经由三家店、麻峪、模式口、碑上，直趋东南，绕旱河西岸建筑长桥一座，仍向东南方向直行，经跑马厂，至广安车站，通京汉路。"[1]岔道的修筑，将京西与京外地区连接起来，扩大了经济辐射的范围和影响。同时，模式口等站点与门斋铁路的畅通，对于京西煤业的规模化

[1] 《门斋铁路修筑岔道》,《益世报》(北京) 1925 年 10 月 26 日，第 7 版。

发展也有着重要的推进，对于京西煤炭经济一体化的发展起到了积极作用。

西山地区优美的自然资源和名胜古迹，吸引了各地游客纷至沓来。1927年，京西开通长途汽车。4月10日，《益世报》载：“现有北京大通汽车行经理人朱华亭等，拟创办京西长途汽车。计由北京阜成门起至京西八里庄为第一站，至田村为第二站，至模式口（即磨石口）为第三站，至三家店站为第四站。车价四站共计六角，其往来一站者，车价二角，两站者三角，三站者四角五分。”[1] 在京西长途汽车通车之前，实际上当时已经先行开通了京东、京北、京南三路，京西一直尚付阙如。模式口站作为重要一站，其在京西的重要地位也可见一斑。

民国以来，随着模式口交通枢纽地位的提升，对于本地域的道路整修也一直在进行着。据民国年间关于京西地区道路调查可知，以模式口为分界，道路状况逐渐由平原过渡到山地：阜成门至小黄村段，“路况极为整齐，路线多直线，无甚大弯，土偾多黄土，酶含有沙。路面平坦，中心与路边之坡度，均在三十分之一。系舀子铺修，宽约二丈余（约7米）。两边水沟，亦颇足用，故雨后即可行车。路旁植柳尚多……（民国）十年复修，更费四五万元”。该路段“为北平特别市长途汽车管理局中最佳之路，时有外人游历者经过”。从小黄村至模式口段，路况较好，泄水尚便，雨后行车亦无困难。不过，模式口以西，则多山岭路线，路窄坡大，通行较困难。[2]

模式口隘口北侧山崖原有两处摩崖石刻，一为道光十年（1830）大修；另一处在其东十米处，记录了1947年平门公路的整修情况。石刻题名为“整修平门公路工赈纪念”，此次修路的主办机关：善后救济总署冀热平津公署河北省公路局；整修工程项目：开宽山沟，原宽4公尺加宽至6公尺；整修路面范围由西黄村至门头沟。当时受赈工人数目共计66010工，拨发面粉数量共

---

❶《京西长途汽车今日开始通车》，《益世报》（北京），1927年4月10日，第7版。
❷《北京交通史：从有文字资料至1949年（初稿）》。

计 132020 市斤。工程的兴工日期为“民国三十六年四月十五日”，竣工日期为“民国三十六年六月二十日”，落款日期为“中华民国三十六年六月二十一日”。此次修路工程，动用了大量人力，费时两月有余。这样，人们可由西黄村到黑头山东麓，沿西北斜坡而上，从古隘口南侧西去门头沟。

20 世纪 50 年代，北京重修京门路，其中将模式口掘深并拓宽至 8 米，铺设混路面。1993 年开始动工，至 1995 年底模式口段完成降坡、调直、打通和部分道路铺沥工程。拓宽后的京门路宽 30.5 米，混凝土路面，模式口口垂直下降 40 米，汽车可以顺畅通过模式口。昔日的山地大坡、泥泞土道得以焕颜，拓展为宽阔的通衢大道。

跨越了漫长历史的京西古道，最初作为穿梭于崇山峻岭间的山间小路，是京西古人类走出大山的通道。京西古道作为民族往来交流的主要通道，更是担负都城庞大日常消费的生命通道。京西古道联系起不同地域的发展，也不断被赋予着新的功能。从军道、香道，到公路、煤道、旅游要道，到现如今作为真正的“古道”，模式口有机进入京西经济循环体系中，并在长期的沟通交往中形成了自身的文化特质。由此，京西古道不仅成为京西文化的珍贵遗存，也是北京历史文化的重要见证。

第三节　磨石古镇

模式口古镇是石景山区较具代表性的古镇，位于金顶山之西，翠微山之南。村庄位于蟠龙山与黑头山相连的低凹处，这里也是西山通往北京的重要据点。特别是到了明清时期，模式口是京西重镇，位于由北京出阜成门通往塞上的京西古道之上。

模式口旧称磨石口，原有城墙环绕，与城门楼建制形式类似。过街楼设谯楼，有军士把守。入夜，城门落锁，往来车辆不得通行。今过街楼已无存，仅存遗址四处。旧时，磨石口镇有龙形古道三里许，是有名的驼铃古道。

关于“磨石口”名称由来，源于此地旧时为“磿室宫”。在《嘉庆重修一统志》中载有“宁台”条，其中写道：“宁台，在宛平县西。《史记·乐毅传》齐器设于宁台，大吕陈于元英，故鼎反乎磿室。[1]《括地志》：元英磿室二宫，皆燕宫，在幽州蓟县西四十里宁台之下。”[2]1931年商务印书馆出版的《中国古今地名大辞典》中对于模式口有专条信息介绍：“在河北宛平县北仰山之东，路通昌平县，清时设千总驻防。有煤矿，用土法开采，年产约三万吨，平门铁路经之。”[3]对于具体地理位置及地方经济禀赋均有明确交代。

[1] 《史记》卷80《乐毅传》。
[2] 《嘉庆重修一统志》。
[3] 臧励龢：《中国古今地名大辞典》，香港，商务印书馆香港分馆，1931。

民国时期经过磨石口的驼队（来源：北京市石景山区文化和旅游局）

模式口地区很早就有古人类活动的踪迹。早在 1997 年，文物考古学者齐鸿浩、刘德泉自北京返回途中，经过模式口地区发现右侧路旁的黄土断崖中的倒置陶罐。据当时的考察记载：“陶罐为夹砂红陶……罐内的土里有炭化的谷物颗粒。陶罐旁有灰烬层、炭屑和火烧土。”在对附近地区进一步的考古发现，“这一代沿公路边的黄土层中，发现数处陶片遗存，陶片大多为夹砂红陶和少许灰陶。遗物分布范围达 40 余米，火烧土最厚处为 20 厘米。这处遗址在一块黄土台地上，紧邻自西山进京的古道，遗址沿公路展开”。可见，西山大道一线当时已经成为古人类生活、迁徙的重要活动区域，是具有非常重要考古价值的人类活动遗址。“灰烬、炭屑与火烧土的发现，表明先民们已经学会了对火的广泛使用。肉谷类改为熟食，促进了畜牧与农业的发展。陶罐的烧制（并学会了慢轮操作成形工艺）为煮沸、贮水等提供了条件，改变了临水而居，稳定了穴居、半穴居的聚落。他们宛如黄河中游的氏族部落，在利用黄土层为壁体的土穴上，由木架和草泥建造简单的穴居和浅穴居，逐步发展为地面上的房屋，形成聚落。”[1]

公元前 1046 年，周武王灭商，封帝尧后代于蓟，蓟之疆域包括今模式口在内的石景山区中西部地区。不久，燕灭蓟，并将国都迁至这一带。后燕国内乱，齐宣王乘虚而入，15 天攻破燕国都城。燕昭王姬平即位后，设黄金台，礼贤下士，立志报亡国之仇。经二三十年财力、物力和军力上的积蓄，燕昭王于公元前 284 年，封乐毅为上将军，统率燕、秦、韩、赵、魏五国兵马攻打齐国，连夺七十余城，齐国的珠玉财宝、车甲珍器全都被燕军掠抢，收置于燕国的宁台、元英、磿室三个宫殿之内。当时的“三宫”，有专家认为就在今石景山区的老古城、北辛安、庞村、磨石口一带。250 年至 521 年，刘靖、刘弘父子以及樊晨、裴延儁等人，数次率军士兴工修建、改造戾陵堰，引永定河水灌溉农田，使魏晋南北朝时期石景山地区的水利事业和农业空前发展。

明代模式口是京西重要的军事屏障。模式口当时可通行骑兵，且地理位置险要，易守难攻。根据《光绪顺天府志》记载：“西北三十五里，磨石口镇，千总驻焉。五十里五里坨，把总驻焉。”千总的设置，始于明朝嘉靖二十九年（1550），作为京营三大营之领兵官，有随征千总四人，随营千总二十人，位在中军以下，把总之上，并作为卫戍京城的重要力量，一般由勋臣担任。

清代的模式口，不仅沿袭明代设有千总在此把守，同时还承担着包括鲁谷在内邻近 53 个村庄的治安和缉盗之责，是名副其实的京西重镇。《畿辅通志》记载：“磨石口，在县西（宛平）仰山东。由磨石口沿浑河道三家店抵枣园，

[1] 关续文：《上古时期的“模式口村人”》，《缤纷史话》，北京，中央文献出版社，2008 年，第 12 页。

是为仰山岭。绕岭数里，得桃园村，昔人避兵处。”作为都城的“附京地方”，清代的模式口地区治安管理要求和等级很高。一直到晚清，磨石口地区仍旧是京师附近重要的关城隘口。咸丰四年（1854）的档案记载：“查磨石口是要隘，此次官兵，若截口驻扎，严查奸细，一人不能过，乃官兵驻扎离口二里之遥，往来遂可任便。”可见当时磨石口仍旧占据着险胜地位。从上面的档案来看，虽然考虑到了模式口的军事戍守作用，但也充分照顾到了模式口作为交通要道的通行功能，从侧面也反映出这一时期模式口在地区的功能转型。

京西作为北京城西大门，在治安管理上也是权责甚重。清末李登科案之后，清政府着重加强了京西一带的防守布置，而磨石口作为重要交通枢纽，被派驻重兵把守，同时驻兵也承担了附近的稽查之责。在当时清廷发布的谕令中写道：“李登科案，同伙十四人，并另案获犯数起，均由芦沟桥经过，此处有官兵驻扎，不知何以如此。闻匪犯有因东南一带查拏甚紧，是以绕西北来京等语。除派营务处章京等前往查探外，应札磨石口领队、翼长，就近不动声色，选派妥干弁兵，在门头沟地方严密查访。如有匪犯，立即擒拿究办。至该处防兵，须在往来要路驻扎，以便早晚巡查，断不可扎营空闲之地，致令奸匪混过，漫无觉察。”该训示特札“西路领队大臣、顺天府、磨石口”[1]，可见当时模式口的地位关系甚重。

众多历史名人都曾在模式口留下足迹与吟诵文辞，如明代大学士李东阳、清代的礼亲王，以及民国年间的冯玉祥、老舍、周肇祥、宝三等。清代的颜光猷在《宿蟠龙山法海寺》中写道：“山势蟠龙敞一门，天花历历蹑云根。秋高露湿双松白，夜静灯寒一殿昏。石景山前还系马，秘魔崖上更啼猿。何当同鼓西山屐，粮尽今朝且莫论。”

民国年间，京西模式口被选定为陆军大学演习场地。“陆军大学校，现奉陆军部令，拟于本月二十七八九等日，举行春操，实弹射击，以资练习战术知

---

[1] 故宫博物院明清档案部：《清代档案史料丛编》第 5 辑，北京，中华书局，1980 年，第 198 页。

识，俾免临阵有措手情事。其练习地点，闻已拟定京西磨石口一带地方为临时战区。除由陆军部咨请参谋部派员先期赴磨石口一带地方测绘操演战区之地图，以便从事布置。”[1] 不过，当时模式口因地处省市交界之处，属于治安管理的真空地带，易为匪盗盘踞。1934 年有美传教士被杀，但因肇事地点属宛平县境，“但与市郊毗连……彼处盗匪甚多，恒利用省市交界施行抢劫”。模式口地区的特殊地理位置，特被申请加强戍守力量：“磨石口距山黄村为省市交界处，向为盗匪盘踞地点。因本市警察有限，曾请戍部派队驻防。已蒙俯准，将来该地一带治安，由军警共同维持。”[2]

模式口的地名再次因老舍先生的《骆驼祥子》闻名。小说中写道：“在他的知识里，他晓得京西一带，像八里庄，黄村，北辛安，磨石口，五里屯，三家店，都有养骆驼的。难道绕来绕去，绕道磨石口来了吗？可是他确知道，假如这真是磨石口的话，兵们必是绕不出山区。”而且，“磨石口是个好地方，往东北可以回到西山；往南可以奔长辛店，或丰台；一直出口子往西也是条出路”，因此对于祥子而言，误入磨石口“这是他逃走的时候了”，因此他感慨：“这里是磨石口——老天爷，这必须是磨石口！”磨石口，成为祥子在旧时代兵荒马乱之下自我救赎的出路。

---

❶《陆军大学定期举行春操》,《顺天时报》1925 年 4 月 17 日。
❷《美教士被杀案官方协缉凶犯》,《申报》1934 年 6 月 20 日，第 5 版。

第四节　划界风波

市制的推行，是民国以来城市管理现代化的重要开端。其目的是从城乡分治的体制中脱离，将城市作为独立的政区，并拥有独立的疆界范围，以实现行政便利、交通完备以及建设合宜的城市治理方案。然而在具体的执行过程中，却在固有体制的掣肘之下，很多事务不得不陷入漫长的诉讼拉锯阶段。20 世纪初围绕模式口等村划界问题的争论，对处于近代进程中的地方管理体制的确定无疑有着非常典型的意义。

1928 年 6 月 20 日，民国政府决定将直隶省更名为河北省，旧京兆区级各县并入河北省，北京市改名为北平市。7 月 3 日，国民政府颁布《特别市组织法》，宣布北平为特别市，“直辖于国民政府，不入省县行政范围”。北平特别市成立之后，其辖区以原来的京都市政公所及警察总监旧辖城郊区域为限。然而，因为市域面积有限，许多与城市关系密切的设施都分布在市郊，比如自来水源地在孙河镇，发电厂在石景山，交通枢纽在丰台，煤炭主要供给地在门头沟等西山地区，以上各地或在大兴，或属宛平，给北平的城市管理和建设带来了诸多不便。

“市行政区域之划分乃本市目前最要之图，亦为一切建设之根据，若不及早划定，则权限揉杂，政务停滞，实为建设新北平之阻力。”为扩大北京市域范围，“重新举行省市划界问题”。其计划中划入市区之地域异常辽阔，“大体言之，东至通县，西至察哈尔边界，南至固安县交界，北至长城”。归入市域范围的主要原则是："根据行政便利，交通完备，形势整齐，建设合宜之四种原则定之。"具体来说，从行政便利方面，北平"切块设市"后，为便于管理，孙河镇、丰台镇、南苑与城市联系密切，应该划入，与此同时，大、宛两县县治也应迁出城外；"交通完备方面，北平是汉平、平奉、平绥铁道交会之地，东自通惠河而达运河，西有平门支线，如将丰台、卢沟桥、门头沟一并划入，如此则西濒永定河南扼三路之冲，水路交通于焉俱备；形势整齐方面，如将南部的南苑划入以免壤地交错，北部大小汤山划入以期联络而造成田园都市之基础，则划定东西之距离与南北相若，道里既属平均，形势确能整齐；建设合宜方面，北平城市自 1927 年以来，百业凋零，四民失业，而门头沟一带乃煤矿聚集地，南苑农业发达，大小汤山以达平西古迹名胜，若划入市区，亦足以发扬文化并改造艺术的都市。"

在具体涉及县界问题时，因历史遗留问题，产生了诸多分歧。北平的扩界计划，同时涉及市省划界、市县划界、市村划界三个层次。对此，大兴县呈文国民党政府，提出反对北平市任意扩界计划，宛平县则产生了模式口等六村的区界之争。当时特别是对于宛平县模式口等地的具体归属，则存在着严重争论。在北平市扩界计划提出及推行的过程中，最初宛平县并未明确主张反对北平勘界计划，仅在涉及模式口等六村的归属问题时曾表态。而当地

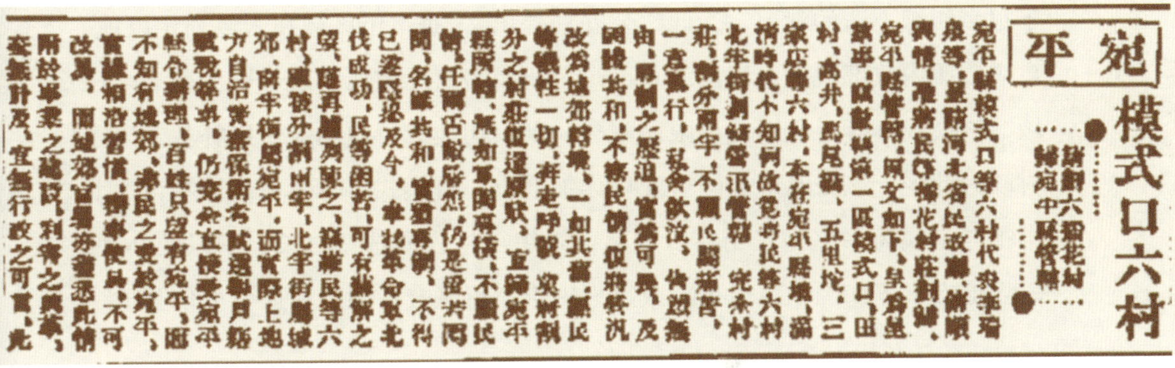
宛平
模式口六村

《益世报》对模式口六村划界的报道

的众多精英对将模式口等六村完全划归北平市政府则表示反对，模式口等六村借助宛平县乃至河北省政府的支持，与北平市政府展开了漫长的归属权之争。

1928年11月17日，宛平县模式口六村选派代表李瑞泉等呈请政府“俯顺舆情，准予村境仍归原县管辖”。对此呈文，《大公报》报道：“政治分会昨日例会决议，分令河北省政府及北平特别市政府于划界时注意。”[1]进而在1929年的北平市政府训令中，详细记载了国民政治会议北平临时分会审理案件情况记录，其中写道：据宛平县模式口等六村代表李瑞泉等呈略称，窃敝县第一区模式口、马尾桥、高井村、五里坨、三家店、田村等六村，本在宛平县境。清代竟将民等六村北半街割归营汛管辖。及国体共和，复将营汛改为城郊管辖，人民痛苦隐忍至今，为此恳请俯顺舆情，准将六村完全划归宛平县管辖，民众幸甚。对此，政府行令公安局详查。至当年的一月二十五日复称：模式口等六村均系天然大道，自前清以迄民国，即以此大道划界：道北属郊署，道南属宛平。其赋税暨随粮、警捐、学校捐以及军事各费，则无分及街南、街北，悉由县署征收。惟街北居民于前项各捐外，仍须向郊署等机关交纳房捐、铺捐、捐税，重重担负特重。其各村村正副向承宛平县指导办理地方一切行政事务，村庄既经划割，行政自难统一等情。根据调查可知，模式口等地存在一村归属两地管理的特殊情况，无疑对于村庄管理、税赋征收都产生了很多纠缠不清的状况。为此，公安局提出：“查本市区域在未经划定以前，自应依照内政部规定，以前北京市政公所及警察厅监所管之界限为原有之区域，该模式口等村既因此界限而割裂，则一切地方行政亟应予以补救，以重村政为此令。该处迅即会同公安局详细勘查，将模式口等六村隶属本市之北半街与隶属宛平之南半街实行脱离，组织街村公所选派村长、副以便办理，一切地方事务如因人口过少，或财力困难，可联合各附近村庄，务使其成一

[1] 《政治分会昨日例会》，《大公报》（天津版）1928年11月17日。

独立村庄。于地方行政及经济均有进展之希望。”实际上，清代模式口等村庄一地两治的情况并不是特殊，如长新店的街道南北两侧也是分属不同部门管辖，而模式口等村镇在划界问题时所进行的抗争，无疑为合理纠正本地的管理制度起到了巨大作用。

据 1929 年《为调查西郊模式口等六村界务及筹备自治情形呈市府文》可知，当时为配合公安局勘察模式口等六村界务及筹备各村自治等事务，政府部门专门于当年二月二十五日赴模式口等六村调查，并约定各村村正、副及请愿代表、各界绅民在模式口承恩寺会见讨论相关事务。而模式口以其位置显要，在划界问题上尤须谨慎。调查称：“模式口地势居中，且为各村来往要道。”与此同时，时任模式口村正仲桂芳及村副薛瑞及居民李瑞泉在各村当中“颇有一种潜伏势力”，在延续数年的划界风波中，模式口村正、村副及居民代表肩负主导力量。“各村村民向惟村正副马首是瞻，而跟正副等又皆以仲桂芳等步趋是向，不得不与其取一致行动，是以此次由李瑞泉出头。”在此次调查中发现，模式口等六村“系以天然大道为准，现在北为市界，南为省辖。其划界之初系自明始，清仍明旧，彼时居民甚少。嗣因该地富有煤矿，人民渐事采掘，日见发展，居民逐渐加多，各该处遂成大村落，并非划界时即此情状也。所以各村民咸以煤为业，只知唯利是图，以作工为第一要务。因若辈藉煤业致富者易而且多，故视其他事业咸不及此。若辈在各本村皆具有相当势力，其一举是关系地方轻重匪荡，若以固有天然界限为衡，固亦言之成理。但依据形势及行政统一，似宜将道归县，均无不可。惟本市与省界毗连地方，不仅此六村，恐将来援例而起，愈起纠纷，应仍遵中央所定本市暂辖区域分别管理，俟将来省市正式划界时，自由正当解决。不过该村等人民程度不一，此次请愿多系盲从，若令尅日筹备自治成立村制，不免种种猜疑。拟一面从事宣传，一面从旁处入手，推行至该六村，彼时反对者或无所藉口。田村距城厢较近，将来拟即由该村入手，筹备自治，或不致甚难。至马尾桥高井村，居民既少，且多居市界，惟田产则属县界，该村处于大村之间，不过听命而已。风闻此次情愿有每人发给路费若干，及饬县警沿道北住户嘱以遇有调查人员，须一律归县界等语。此中情形已可概见矣。”[1]虽然在本次的调查中，对于模式口的管理权限仍旧沿用了此前的思路，然而对于村绅在村庄中的作用，并拟在将来的村庄自治中拟将模式口作为试点。

但直至1930年，区界划定仍未解决。在省界没法清晰厘定的景况下，对于当时的村庄治理以及日常行政造成了严重阻碍。当时因划界未定，使得当时的村庄行政混乱，“宛平县模式口等六村，因省市界限未清，各管其半，村治行政均难进行”。当时虽屡屡请愿予以解决，但仍未得到妥善解决。“去年春间曾向省府及政治分会请愿，但迄今尚未解决。昨特复派李瑞泉、王喆道等赴市府请愿。该代表等今日即赴天津面谒王树常主席，商洽一切，昨并上呈平市府及公安局，在省市未清界限以前，请免征房捐而维民生。”[2]因村界未名，使得税收征缴面临多方权责，故先请求免征房捐。

一直到1934年，对于宛平县所属模式口等六村归属问题，提出应根据具体情况，分别归属市区、县域和村域，并达成最终决议：“宛平县属第一区田村、磨石口、马尾桥、高井、五里屯、三家店等六村，应于省市会商划界时由双方勘明。该六村如隶属于市为宜，即全部归市；如隶属于县为宜，即全部归县。查磨石口等六村，于上次划界时横被割裂，致人民屡有争执。事实上该六村横跨市县，于行政设施亦极不便。故应于划界时，查明该六村究以隶属于市或县为宜，即将该六村全部划归于市或县，以免割裂。”[3]而这一次的决议，相较于此前有了极大进步，无论是归属市或县，首先以独立、完整的村庄作为首要条件，这也是模式口在本次划界风波中所获得的最好结果。

---

[1] 北平特别市筹备自治办事处第一次发布：《编配街村图说》，公文《为调查西郊模式口等六村界务及筹备自治情形呈市府文》，1929年2月23日。

[2] 《介绍北平痨病养老院之二》，《大公报》（天津版）1925年10月5日。

[3] 《北平市区扩大问题冀省府提出异议》，《大公报》（天津版）1934年11月23日。

此后，1948 年据《大公报》报道，当时河北省政府有将门头沟与石景山合并为景门市的计划。据载："门头沟、石景山合为景门市"，北平二十三日专电，冀省府廿三日例会，通过设立景门市，以门头沟及石景山两地工矿区为市区，设市计划要点及编制已拟定，在市府未成立前，先设市政筹备处，直隶省府。[1] 直至中华人民共和国成立后，北京市界才得以最终划定，几经调整后，至 1958 年基本形成现在北京市的规模格局。

长期拉锯且未能得到有效解决的划界纷争，一直到新中国成立之后才有了最终的解决方法。清代以来关于模式口划界问题的纷争，一方面是清代特殊的地权与事权分离的后果，政府行政体系未能有效涵盖其管辖范围所致；而另一方面在这一过程中也反映出以模式口古镇为代表的边界地区，其本身具有地方自治能力，而正是这种特质，使得模式口在民国时期能够成为"诸村之模范"，也为模式口的现代发展奠定了重要基础。

---

[1] 《门头沟石景山设景门市》,《大公报》(上海) 1948 年 11 月 24 日。

第四章　都中模范

清末民初是模式口商业的鼎盛时期，往来于古镇商道上的驼铃迤逦而行，四方财货蜂拥而至。历史时期的模式口不仅是京城与塞北地区商旅往来的交流通道，也带动了古镇商业的繁荣，形成了以大车店、杂货店、酒馆、饭铺等为主的服务型经济形式。模式口古镇是沟通北京与西北地区商业往来的关键节点，南来北往的客商行旅，不仅带来了全国各地丰富的商品，也为这座古老的军事重镇和古道枢纽，带来了强劲的经济活力。

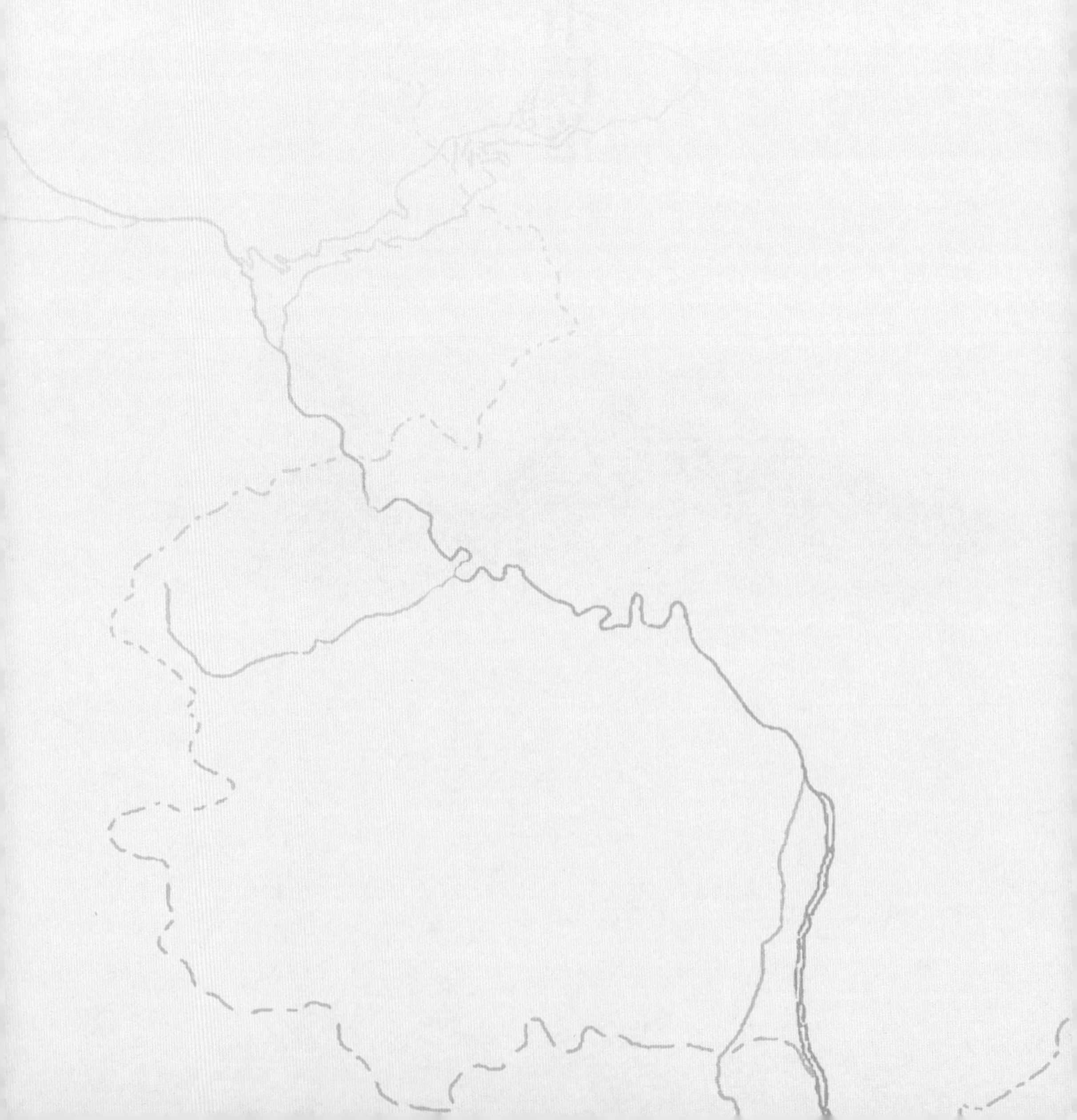

第一节　饶富地利

民国时期周肇祥编撰的《琉璃厂杂记》，对于模式口地区资源及现状描述为："磨石口，产煤及笔铅，颇富庶，堡垣若城垒。"[1]模式口饶富地利，尤以出产煤炭为主。据1922年关于京西地区煤矿的社会调查称："京西的煤矿，自石景山三家店、门头沟，至石景山等处，迤逦蔓延约二十里，所以各矿互相都有联带的关系。"从矿源而言，京西一带煤矿属于同一构造，同时凭藉"旷苗颇佳，且距京甚近，运输便利"的地理优势，"于是惹得一般资本家多在门头沟附近购置煤矿，设窑采煤"。[2]模式口地区的煤炭开采，元明清一直到民国均是当地最重要的支柱性产业。

在民国《北京西山地质志》中记载："磨石口煤田与浑河之北东岸辛安车站相邻。煤系属侏罗纪，范围内露出于两绿辉岩体之间，极不整齐。采矿仅一层，厚自数公寸至五公寸，以北端为最后。"当时模式口有四座煤矿，"相距仅约一公里，均在磨石口村之西"。其中规模最大的矿是四平山的公利矿，有工人百人，日产煤可达到500吨。辛安矿日产煤仅有30吨，而天兴、宝祥二矿日产量只有20吨。这些煤矿的煤层较薄，都没有超过两公尺，只是用土法采矿。虽然煤层较薄，但是煤质很好，属于无烟煤。

[1] 周肇祥：《琉璃厂杂记》三，北京燕山出版社，1995年，第131页。
[2] 毅农：《社会调查京西门头沟的煤矿》，《晨报》1922年6月22日，第5版。

1907年《顺天时报》刊载《采磨石口煤矿》一文："顷有商人梁瑞光君纠集同志，招募巨款，拟开办京西磨石口煤矿。因该处煤矿苗质颇佳，运输较近，已筹有成款。"[1] 得益于模式口邻近京城、交通便利的优越地理位置，同时矿苗品质较佳，因而当时很有富商大贾选择在模式口开采煤矿。1915年，《农商公报》刊载《贺英泰等所领磨石口煤矿仰饬县出示保护由》，其中写道："贺英泰等禀称，商等在宛平县属北辛安北磨石口承领煤矿，合计面积一千零六十五亩，于上年经部核准注册给照在案。但该处系属僻壤荒山，恳转行出示保护，禁他人开采等情到部。查贺英泰等办磨石口煤矿，既经核准给照有案，则所领矿区以内，他人当然不得开采。"[2] 从贺英泰禀文可见，当时仅其承领一千多亩煤矿，规模十分可观。

公利煤矿是20世纪初在京西地区比较著名的煤炭公司，其矿址即位于模式口。虽设立时间未见明确记载，但在1919年2月9日，《益世报》报道"煤矿总理被劫"案件，其中写道："京西磨石口公利煤矿公司总理，日前因事下山，行不二里处，来贼匪二人持刀威吓。"可见当时该煤矿已经在模式口开设。1931年《矿业周报》报道"宛平模式口新利煤矿正在打水"，而此处的新利煤矿，据石景山通信显示即为前述公利煤矿，"系张公度经营，曾获利十余万元，四五年前移转归新利经营"。而新利东家，则为北平电灯公司总经理蒋式瑆君。"该矿因地质变动甚剧，煤层极不整齐，新利接办后继续赔贴约达三万元左右。井下前被水淹，今年用起重机打水，水大不易打干，现正在着手改用电泵打水。"[3] 可见新利煤矿接手之后，为改善采掘条件，已采用电力设备。

民国年间，京西的煤炭资源成为京城日用消费的主要能源支撑，随着现代机器的引入，西山煤炭的开采业进入了鼎盛时期。据《益世报》称，每年运送

---

1. 《采磨石口煤矿》，《顺天时报》1907年3月21日。
2. 《文牍：饬文：饬京兆财政分厅：第六六二号（六月三十日）：贺英泰等所领磨石口煤矿仰饬县出示保护由》，《农商公报》1915年第12期。
3. 《宛平磨石口新利煤矿正在打水》，《矿业周报》第161号，1931年10月7日。

到京城的煤炭可达三十万吨左右，一旦运输链出现问题，对于京城日常的生活秩序影响甚巨。1926 年因战乱，当时木炭不能顺利进城，城中市场一度断销："内外城、四郊等处商民日用之焦炭，产于昌平、密云各县及北山、西山、斋堂、磨石口等处。自军兴以来迄今三个月之久，焦炭一项并未运京，各炭厂所售者，皆系存货。现在存货业已售罄，来源缺乏，所有出产焦炭各山场，因无骡马，不能驮运来京。且近日烧场，均已抛弃炭业，逃离出走。"对此，为保障城中供应，由京师炭业公会与铁路商议并签订合同，"京师各炭厂因斋堂及磨石口有烧炭场三家，虽有军队驻扎，焦炭一项尚可准运，因此请求炭业公会正会长刘子青与京绥门斋铁路商妥，订立合同，即于本月二十四日由斋堂及磨石口烧炭场定批大炭七十五吨，当日下午三点十五分，经门斋铁路火车装运焦炭三十吨，运至门头沟，转挂京门枝路第二次加车，至西直门总站，用手推车运往各炭厂销售。"[1] 从上述可见，以模式口为代表的区域煤炭产业，形成了较为成熟稳定的市场供应体系，形成了京西地区最为典型的产业支柱。

煤炭业的发达，为相关地区的村落和古镇发展提供了重要契机。从模式口地区现存碑刻资料可见，当时从事煤炭行业的商铺及居民占主要比例，他们在村中也有着非常突出的影响力。据 20 世纪初美国人步济时关于北京的行会所作调查显示："在距北京城北约 20 英里的村子——模式口，有 3 ～ 4 个主要富裕家庭，亲戚也比别人多，控制了整个村里的事物。"[2]

除出产煤炭之外，模式口地区的石料也十分珍贵，从宋代即开始供建筑使用。清代规定了各大工程需要的石材与石灰均采自郊区山岭，当时的石景山与房山等地均是官方钦定的石材供应地。"顺治初年定，大工需用石灰，委本部官开采烧造。于大石窝采白玉石青白石。马鞍山采青砂石紫石。白虎涧采豆渣石。牛栏山采青砂石。石景山采青砂石、青砂柱顶、阶条等石。其青白石灰，

[1] 《大批木炭运京》，《益世报》（北京）1926 年 4 月 26 日，第 7 版。
[2] （美）步济时：《北京的行会》，赵晓阳译，北京，清华大学出版社，2011 年，第 28 页。

模式口过街楼遗址（来源：北京市石景山区文化和旅游局）

于马鞍山、磁家务周口、怀柔等处置厂烧造，运京应用。”其中石景山则主要是“采青砂石、青砂柱顶、阶条等石”。[1]民国时期的记载称：“有产于平西磨石口至磨石，色青白，带黑砾，质坚而重，作磨碓碾臼之用。”[2]

饶有地利的模式口古镇，在充沛的煤炭资源的滋养下，凭借其交通枢纽的地理位置，带动了地区商业的发展与兴盛。煤炭开采给模式口的窑主带来丰厚利润，吸引了众多商家来此贩运，给模式口的村民提供了更多生计。当时模式口古镇大街上开设有多家专供煤商休息的客栈、旅店、饭馆，还有多家运输煤炭的骆驼、骡马店以及倒卖各种山货的商铺，清末至民国时期模式口盛极一时。

曾经作为防守的模式口隘口，在清道光年间曾有拓宽。拓宽后的隘口，宽度和深度均为四米，且其坡陡，路窄，车辆过此，交通极不方便。后经历次开凿，仍旧没有大的改观。1993 年，北京市政府再次投资，大幅度地拓宽了路面，降低了标高，过去拥挤的隘口现已变成沟通京西的主要通衢之一。

[1] 《钦定大清会典事例》卷 875《工部》。
[2] 《北平市工商业概况》第四编《石材业》，第 517 页。

第二节　鼎盛街市

模式口作为历史上京西古道商旅要道上的一个重要节点，带动了本地区的商业发展，加之储量的煤炭、石料等资源，为古镇发展带来了重要契机。模式口大街曾经盛极一时，在蜿蜒盘旋的山道上，这条大街上行走的商旅很多都选择在这里临时修整，以便进入京城。模式口大街上的很多店铺在当时享有盛誉，直到现在依然被当地的居民所传颂。

模式口大街上久负盛名的旅店当属开设在村东门洞儿路北的“老西儿店”。开店的掌柜祖籍山西，久而久之便被称为“老西儿”。据载，最鼎盛的时候，店里有二十多间简易石板房和牲口棚，同时可容纳上百商贩和骆驼在此歇脚打尖。老西儿店掌柜为人仗义，店里设施齐备，不管是对旅客还是随行的骆驼牲口都照顾妥帖，因此京东八县的往来客商，都喜欢在此投宿。老西儿店生意十分兴隆，口碑极佳。大车铺以“雷记”最为出名，造的大车坚固耐用，深受当时的客商所喜爱。“刘记铁铺”第四代传人刘春林已年过七旬，据说其家族在模式口四代都是以打铁为生，到现在为止已有一百五十多年的历史，店铺在京西一代享有盛名。

1941 年《申报》记载了磨石口布店被劫一案，也可从中窥探当时街市之景。案称：“西郊磨石口镇街五十号，恒德布铺，掌柜李秉乾，经营斯业，甚为发达。”在此次盗劫案中，该布铺被抢“钞票二百八十余元，各色花布二十

模式口大街西侧的恒德成记老布店（来源：北京市石景山区文化和旅游局）

余匹”。[1] 而“甚为发达”的商业经营状况，在当时绝非恒德布店一家。

道道相通，西山大道这条充溢着财富交换、文明交流的通道，将京城与塞外横贯畅通。在《重修西山大路碑记（三家店白衣庵）》碑阴的捐资名号当中，模式口古镇的部分商号也参与其中，包括：山西社施钱三百五十千，庆恒厂施钱四十千，天德厂施钱三十千，源兴厂施钱五千，龙泉涌、顺泰厂各施钱二十千，公德永、宝隆厂各施钱十千。

承恩寺始建于明朝，清朝又有历次重修。道光二十三年（1843）三月，又在原址基础上再次重修。今见道光二十三年（1843）三月所立《重修承恩寺碑》，对于本次修缮情况进行介绍：“磨石口旧有前明上方一座，自乾隆二十三

[1] 《西郊磨石口布店被抢》，《晨报》1941 年 5 月 15 日。

年重修之后又历八十余春秋，颇形倾圮。首领太监刘金庆日观情形，爰倡义举，并承礼亲王菊泉主人慨捐多金，用完善果，于是构料鸠工，以新庙貌，计六十日，精舍告成，而殿宇遂以改观。”特别值得注意的是，在这块珍贵的碑刻阴面，详细刻载了当时参与捐资的人名及商铺，为我们进一步探讨以承恩寺为核心的清代社会生活交往的圈层半径，提供了不可多得的实证资料。

重修承恩寺碑（来源：中国国家图书馆）

从碑阴来看，以碑文中所称“礼亲王菊泉主人”排在首位，捐资 1200 吊。据考证，石景山仅礼亲王墓就有 4 座，分别是巴尔图墓、麟趾墓、全龄墓、世铎墓。参与捐款的菊泉主人，为礼慎亲王全龄，麟趾长孙，初袭奉恩将军，道光元年（1821）承袭礼亲王，卒于道光三十年（1850）三月。

在此次承恩寺修缮中，参与商铺及个人的数量共计 253 名。从参与的商铺种类来看，首先是各众煤矿，在商号中以“窑”“厂”为主。比如第一列中的广顺窑，捐款 28 千文，是煤矿中捐资最多的；此外还有天兴窑、平德窑、吉顺窑、宝兴窑、复兴窑、天顺窑、义盛窑、香椿树窑、顺兴窑、德盛窑、双成窑、双顺窑，以及悦来厂、恒业厂、瑞盛厂、德源厂、义兴厂、公合厂、广源厂、世亨厂等，共计20家。其次是各家大小当铺，比如人和当、天隆当、万德当等。其他能够明显看出来经营门类的有通和木厂、公盛木铺、瑞和家伙铺、恒兴肉铺、永聚布铺、昌泰杠房、柳药铺、三盛鱼铺等，包括木柴、布匹、饮食、药店等各类行业。

作为地方文史资料中颇为珍贵的文献，碑刻资料不仅为后世提供了可靠的原始文献，其本身也具有珍贵的文物价值。

碑阴第一列的捐资人共有33名。一般而言，能够位居第一列的，大多是在此次寺庙修缮工程中出资最多，官爵最高的人员。除礼亲王之外，万盛号捐资300千文，通和木厂施钱200千文，景盛施钱100千文，于明施钱70千文，青苗公施钱40千文，王兴中施钱39千文，张孟祥、聚富有施钱100千文，张孟麟万成店施钱施钱30千文，郑□施钱30千文，瑞和家伙铺施钱30千文，祥福施钱30千文，广顺窑施钱28千文，王□施钱28千文，兴隆号施钱20千文，□智施钱20千文，马□礼施钱20千文，宋王林施钱20千文，李玉琨施钱20千文，夏雯方施钱20千文，北山和南山园寝分别施钱20千文和16千文，广兴号出资16千文，以下大桥子、通盛、刘建元、天兴窑、人和当分别出资15千文，广裕号施钱14千文，天益号、义源号施钱10千文。

第二列主要以商号和窑厂为主。恒隆号、万和号、义长、天盛福、天隆当、悦来厂、北永盛庄、万顺店、晋森和、隆泰局、义盛店、嵩奎、金双福、张福元、郭怀俊、肖文亮、春华楼、恒寿、杨其祥、柳文祥、夏温、夏尚福、白王瓒、萧唯一、马□锦、李海福、梁恺均施钱10千文。值得注意的是，还有7家参与捐资的煤窑，分别是平德窑、吉顺窑、宝兴窑、复兴窑、天顺窑、义盛窑以及香椿树窑，每家捐资10千文。以上第二列共捐资340千文。

第三列主要以个人捐资为主，包括：温格惠、周兴、王成、刘永德、张福元、孙显儒、石进凤、薛永禄、马怀、牛殿奎、李忠、李成贵、仲安和，每人捐资 10 千文；恒兴肉铺和洪昌号捐资 10 千文；李呈顺、齐全秀、白尚志、李廷训 4 人，每人施钱 7 千文；四合公、刘喜、张忠明、白守廉、安兴、郭芝垣、许明、赵允怀施钱 6 千文，潘庆施钱 5 千文。另外，郑广、全顺山、顺兴山则每人施白灰 3 千斤。

第四列中以窑厂、商号、个人捐资为主，其中恒业厂、瑞盛厂、德源厂、义兴厂、公合厂、广源厂、世亨厂、恒远和、源福号、永盛居、永盛店等店共同施钱 60 千文；祥奎、邦骥、富琨、典仪房、安常泰、公盛木铺、栗温忠、张富龙、高治、高濯、高攀桂、王槿、高蟾桂、海润、德福、广合、禄元、济明、和静、舒文、衡、德平施钱 5 千文，共施钱 115 千文。

第五列主要以各类商铺和个人捐资为主，其中商号类主要有：永聚布铺、增升号、顺天号、广德堂、重兴店、顺天兴号、天合厂、天昌合记、东洪泰、昌泰杠房、万铺、天兴铺、天会堂、复泰号、德胜局、集兴号、聚盛号、富有局、天成馆、南万盛号、同丰局施钱 5 千文，商号共捐资 105 千文。个人捐资中，田、张凤、王添贵、汤双工、庆、邓茂、刘如、杨世清、王亮、孙二格、吕长庆、彭来福、宋福兴均施钱 5 千文，一共 65 千文。以上供给 170 千文。

第六列主要以个人、商号及窑厂为主。杨克敏、韩天赐、韩孝贞、王玉福、王玉禄、杨芬、张继善、韩呈祥、韩云台、梁国栋、岳蟠、李成文、王进宝、刘芳、张其伟、孙显凤、柳宗、柳殿奎、（王玉福、王玉禄）、王世宽、王德山、杨德云、韩孝贞、卢孟云，每人施钱 5 千文。商号包括顺兴窑、新兴金玉班、广盛义、大和馆、天成铺、正元堂、柳药铺、德盛窑、茂泰 9 家，其中有窑厂、戏班、药铺及其他商号，每家施钱 5 千文。

第七列主要为个人及商号两类，个人捐资为主。周贵、梁柳、赵永和、梁秉乾、关本庆、闫惠、闫槐、安升、岳光亨、刘行信、罗丈瑞、金广福、张继宗、刘进宝、杨二合均施银 5 千文；赵秀堂、梁百福、苑怀玉、蔡庆喜施银 5 两，崔在新施银 3 两，金荣庆施银 2.5 两；李全 、刘成贵、陈进祥、吕德玉、郑长禄均施银 2 两。商号有顺兴窑、双顺窑、万德当、万盛店、双成窑均施钱 5 千文；此外天德号及恒足常，每家施银 2 两。

第八列以商户及个人为主，个人包括王以佩、吴永茂、信丈瑛、尚宗纪、赵文成、李文库、刘国财、蔡进俊、李凤、李廷桂、李文炳、李生、李权、田伟、苏奉俊均施银 2 两，王君、穆俊伟施银 1.5 两。商号包括丰源德、增升长施银 2 两，永盛号、德源长、三盛鱼铺施银 1.5 两。

据原北辛安市场街玉记经理回忆，直到中华人民共和国成立初期，模式口大街上还有东洪信、惠振石塘、玉斌煤铺、赵记铁铺等二十余家商铺，积聚了日常生活中的五行八作等各式门类。此外，街上还有各类摊商 37 个，算是当时比较兴盛的一条古镇商业街。祖辈十余代定居模式口的仲德君老人，对于昔日模式口大街的布局和兴盛还历历在目。据其回忆，当时村西有好几座煤窑，村子两旁尽是店铺，街上摆摊、挑担，卖什么的都有。每年去天泰山、妙峰山进香的一百多道会众，都从这村经过。村人大都在村里或邻近村落做买卖，有的批发转运煤炭，一路把生意做到了京城。卖煤的有乔家的坑儿店和李家、薛家的煤栈、棚铺两个，一个字号为东茂盛，另一个字号无考。饭铺有天兴、梁家茶馆和李记的回民饭铺；布铺两个，路北的是恒德成，路南是恒聚兴；杂货铺有同义和、东洪信、西洪信等；大车铺两个，雷记和宋记，制造大车；一个药铺，老板李振之。大街上有一个肉铺，门脸儿很小，生熟都卖，老板姓郭；还有一个理发铺，老板姓黄；铁匠铺有刘记和赵记，刘记打制牲口蹄掌，赵记打制窑上用的铁活；粮店有同济和、安乐庄、大德成、邓家油铺等。作为京西古道中比较繁华的交通枢纽，模式口古镇的服务业也较为发达。据记载，当时模式口村东主要是供行旅歇脚住宿的旅店，如老西儿店、赵家店、马家店、徐家店、殷家店、栗家店等，很多往来商人都选择在此打尖住店，一到商队行经时，模式口大街比往日更加兴盛。

在模式口商业最鼎盛的时期，古镇商业街上出现了多家财力雄厚的大家族，有薛、李、仲、乔、马等家族。他们所居住的四合院具有明显的京西特色，集居住、商业、货物仓储、马棚等多种功能为一体，院内生产、生活分区明确，形成了典型的前店后宅、前仓后宅的院落格局。从建筑形态和格局来看，李家、薛家和仲家等院落的房龄都在百年以上，精致的如意门、木质门联、百寿图影壁精美绝伦，显示出主人精致的生活品质和审美情趣。及至今日，透过静静矗立的百年大院和不曾改变的街市格局，仍然能看出昔日古镇的繁华与辉煌。

第三节　现代进程

时间指向 19 世纪的下半段，强盛一时的大清帝国在西方现代工业和军事装备的冲击下，日益显示出疲态与落后。与此同时，当时的众多有识之士认识到，国家不振是由于中国在科学技术和武器装备上均已远远落后于西方国家。于是他们纷纷将目光投向国际，积极引入西方科技，创办现代医疗，开设国民学校，提升社会智识。而在这样的社会背景下，从发展经济到提升国民教育水平，改善生活方式等，模式口古镇探索出一条教科书式的现代发展道路。

机器局的设立，是近代以来中国工业化发展的努力和尝试。从清末实行新政开始，部分官僚在清政府的支持下，在北京投资近代工业，以官督商办、官商合办等形式创办了诸多现代工厂，神机营机器局就是其中之一。

同治四年（1865）五月二十三日在皇帝的起居注中记载，醇亲王等上奏称："查看得京西磨石口迆西前房子地方堪以建房设碓引水造药，所占地亩仅及一顷，于引灌田畴仍无阻滞。该处系肃亲王华丰府内之地，当经派员将所绘地图向该王商办。讵该王坚称不能占用，厉色拒绝。"对此谕旨称："设碓造药一事，实为简易之法，于军需大有裨益。现既勘有地址，自应赶紧试办。乃华丰辄怀私意，坚辞拒绝，殊堪诧异。臣之事君，但力所能为之事，当竭诚图报，公而忘私。矧华丰谊属宗亲，受恩尤重。其平日高爵厚禄，坐享盈余，而于国家公事漠不关怀，实属居心鄙吝，不知大体。华丰著交宗人

西山风景图（来源：《古今图书集成》）

府议处，以示惩儆。”最终清政府下令，“所有磨石口迆西前房子地方，华丰祖遗之，此项地亩即著查清四至，造册交明管理火器营王大臣，全行入官。将设碓造药之事，妥速筹办。其该处地亩所得租息，即作为制造火药一切津贴等用。”[1]

同治九年（1870），清政府“创建机器局”；次年，“建机器局于模式口”。机器局的创立，成为晚清政府改革自新的努力和尝试，但面对日薄西山的命运，先进的科技也已无力挽回当时的颓势。所以醇亲王在面临神机营运行不善的结果后上奏说：“查神机营自创设枪炮厂、机器局以来，风气渐开，才识渐

[1] 《起居注》，同治四年五月二十三日；光绪《大清会典》卷1166《火器营·训练·军器火器》。

扩，然只可榻一技艺之能，于制胜御侮之道相去尚远。”

现代医疗设施的建设，无疑是现代社会进程推进的重要指标。得益于本地区畅通的交通条件和优美的环境，模式口地区成为清末医疗发展的重要场所。19 世纪初，结核病在全球流行，但治疗尚没有有效药物。休息、营养、适当运动等是当时结核病治疗的主要方法，而环境优美、空气流通的地方更有利于病人的治疗。德国人赫尔曼•布雷默（Hermann Brehmer）在 1854 年建立了世界上第一个结核病疗养院，将结核病病人集中起来，让患者在环境优美、空气流通的地方进行休息、加强营养、促进治疗，取得了良好的效果。此后，欧洲及北美的一些国家也开始建立结核病疗养院，成为当时最先进的结核病治疗措施。20 世纪初，在华外籍医生开始在中国建立结核病疗养院。这些疗养院采用与国外相同的治疗思路和方法，为当时结核病肆虐的中国带来新的治疗理念和方法。中国结核病疗养院在 20 世纪初开始建立，20 世纪 30 年代达到顶峰。当时的北平，是全国结核病疗养院最集中、数量最多的地区。

同仁疗养院位于北京西山福寿岭磨石口，于 1909 年由美国人霍普金斯（N.S.Hopkins）医生创办，因此也被称为“霍普金斯医院”。这是中国成立最早、专门收治结核病病人的疗养院。该院“建筑设备完全西式，汽炉、浴室、日浴场等具备”。1923 年，院医务转由北平协和医学院管理，王大同、唐希尧等人于每周日在该院出诊。吴英恺任协和医学院实习医师时曾在该院治疗。1934 年，床位增至 73 张。《大公报》记载：“这个疗养院，已经有了多年的历史，但是知道他的很少，因为不但他是建设在山中，离我们很远，而且去养病的人必须有医生的介绍信才能入院，不能自己直接去就医的。”新中国成立后，该疗养院被石景山钢铁厂接办。

1928 年，当时有记录福寿岭访友的经历，对于医院管理状况及沿途景色描写得非常详细[1]：

[1] 崇崇：《西山归来》，《大公报》（天津版）1928 年 9 月 23 日。

昨天去西山病院（同仁医院的肺病疗养所）访一个朋友。下午由海甸起身，经西苑玉泉山香山，出红山口达福寿岭，然后买驴上山，约行一里之遥，而至病院。院分两所，皆在山之半腰，每所的面积（院子在内）约有五十码见方之大。院中树木成林，林下置布椅——为病者晒阳光或乘凉之用。他们的住房共分三等，一二两等，自然比较好些，三等房间，乃是共居的大室，设备也很简单，病者人各一床及一小凳上置茶具和痰桶，大如牛乳桶，上盖石板。住院的病人，共分轻重两等，轻者得以自由行动，重者（如脉搏过速或体温异常的）每日只许静卧。他们的食物，亦分两等：饭食和乳食两种，分配的方法，乃按病者的消化力而定。当记者去的时节，夫役正为他们送去牛乳。我和友人谈约一点钟之久，然后告辞出来，只见两位夫役用带木杆的椅子，抬着个肥胖的中年人，在山中溜着。由于朋友的解释，知道他是将愈的病者。在回家的路上，我无意识的赏鉴着野外的风景，有时在山的半腰发现了古寺的遗迹和石质的堡垒。过红山口时，只见角楼林立，粮台显然（镶红旗的放粮台）大有置身于十八世纪之感。此外则有红墙绿顶的古庙，耸立山峰的尖塔，以及半颓的墙垣，前倾的石门等等，倒也幽美异常。至于果树木林之类，则罕少见，我国山田的通病！除去几株松柏树外，皆系红石绿草，作成了自然的景物。居住的人民，除去智识阶级之外、洋人在内，多是俭朴的农民，他们的工作虽忙，倒还怡然自乐。不过对于城市的居民，怀有很大的羡慕。记的当车过玉泉山桥时，一个不满十岁的幼童，频呼洋车不置，母亲因对他说“车……好等你长大了，也去学拉车。”从此也可看出他们心理的一般了。车过西苑时，已经万家灯火了，只闻人声马嘶，大有战区之概。黝黑的纱幔，拢罩了大地，唧唧的虫声，歌颂着悲秋之调，目前的景物，满成了漆黑的渺影，只有车夫的脚步声，还在“拍……拍”的可数呢……

民国年间还有一处“西山平民疗养院”，也建于福寿岭。平民天然疗养院创办于 1932 年。院长高施恩，医务主任卢永春。其结核床位 30 张。因面向贫民，收费低廉，故此院吸引较多平民以及学生前往治疗。1937 年 5 月到 7 月，邓颖超同志因结核病，化名“李知凡太太”入住平民疗养院，受到卢永春医生精心治疗。有关邓颖超住院的情况，她住院期间的室友，清华大学学生胡杏芬于 1939 年写成了文学作品《李知凡太太》，并发表于 1941 年上海出版的《妇女知识丛书》。胡杏芬描述疗养院病室，“那是失火以后新修理过的房子，粉白的墙壁，在四大扇玻璃窗反映之下，更显得光线的充足”。邓颖超在西山疗养院的事迹，曾被搬上荧幕，影片中的模式口也以其风景秀美、环境宜人再次为世人瞩目。

民国年间，模式口地区相继利用寺庙兴办国民学校。寺产兴学是清末民初以来社会改良的主张之一。1894 年甲午战争惨败，资产阶级改良运动兴起，当时的有识之士认为中国衰弱的根本原因在于教育不良，想要挽救颓势救亡图存，就需要从教育改良开始。因此，许多具有改革思想的朝廷官员和缙绅开始大力推广改革措施，以挽救当时中国发展之颓势，其目的是改良清朝统治，推动中国的现代化进程。为了回应改革需求，清廷在光绪帝的领导下开始制定并实施了一系列改革方案，以实现政治、法律、军事、教育体制的改革。

1898 年，湖广总督张之洞提出，要利用现存的佛教和道教寺庙及庙产，来建立新式的国家教育系统，这一改革方案得到清廷采纳。与此同时，处于内外交困的清政府无力拨付财力投资兴学，而当时寺院僧侣众多，经济可观，于是各地兴学主张化为有用，改建寺庙为学舍。时任湖广总督的张之洞便是这一改良思想的倡导者，其在 1898 年所撰《劝学篇·设学第三》中写道：“可以佛道寺观改之。今天下寺观何止数万，都会白余区，大县数十，小县十余，皆有田户，其物业皆由布施而来，若该作学堂，则屋宇田产悉具，此亦权宜而简易之策也。”

1920 年左右，慈祥庵开始设立小学。学校开设初小、高小六个班级，招收男女学生三四十人，这也是模式口地区的第一所小学。学生接受国文、算学、自然等课程教育，还跟随寺庙僧侣练习武术。慈祥庵小学在当时还是颇有影响的。1923 年，冯玉祥参观慈祥庵国民小学，据其《日记》记载：“六月十八日，今日为旧历端午节。……七点，刘牧师及照电影者温先生来，遂同往卢沟桥。……下午半点，到麻石口村（模式口村）参观慈祥庵。高小及国民小校学生均来欢迎，余抱国小学生满英摄影，并勖勉男女小学生，令以忠孝二字下功夫。”

现存于北京档案馆的“模式口村私立承恩国民学校请求兴办教育创立国民学校的呈文及社会局的批示”档案，详细记载了承恩寺国民学校的组织结构。

为呈报请求兴办教育，创立国民学校，准予备案事。窃兹因第十七区第五保模式口村属承恩寺主持玄朗及地方士绅共同组织私立承恩国民学校一处。缘我村地处山区，贫民居多，向以劳力为生，一带居民识字寥寥，失学儿童十之八九。本市教育局因该地区边辐邃远，向无教育之设，虽属辖区等蛮荒原野之区域，故民等审查现代环境，以后人民非读书识字不能供诸社会建设救国之用材，是以发起倡办兴学运动，又蒙政府三令五申鼓励兴学，实刻不容缓之紧急措施，故民等商同本村承恩寺主持玄朗讨论，兴学办法。经该主持热心赞助，将所有庙内全部财产收入，除本庙小有开支外，全部兴学充作经常费用，或有不足数仍由地方士绅帮同筹措，襄成义举。

（1）定名为：北平市第十七区第五保第五四甲模式口村私立承恩国民学校。

（2）校址：北平市西郊磨石口村十四号承恩寺庙内。

（3）宗旨：因本地区处境离平辽远，尽属贫民之区，历代失学十之八九，目不识丁，现经政府三令五申扫除文盲，教育救国，故地方士绅及承恩寺主持等共同组织，以庙产全部收入，除少数开支外，兴办初级教育为原则。

（4）组织：由本庙主持僧人及地方绅士共同组织学校董事会，俟准予立案后由学校筹备会公选董事及董事长等职，以专责成，再为补报备案发给钤记委任，定期招生开学。

（5）义务：本会员由监督管理该庙全部财产之收支各项目，并负整理该庙园林、庙宇、古迹永久存在之义务。

（6）门办费全部由董事会负责统筹。

（7）学制：初级一四制。

（8）名额：暂招新生六十名。

（9）学费：每名新生每学期缴收玉米一斗。

（10）待遇：所有本校教职员应受教育局所辖内公、私立小学教职员配给。

正如民国时期北平佛教平民教育联合会所言："佛教徒主义，在平等博爱，态度本非消极，因受千余年帝皇之压迫，并为惟诵经是务，不问世事。今全国革命，训政开始，佛教徒有一百余万，占全国人口百分之一，此后应自动努力，己觉觉人，以补助教育当局之不足，固有平民教育会之创设。拟计划最短期内，开办平民学校二十余处，并设工厂，一面设粥厂及施衣厂，希望各界多予匡赞。"[1] 庙产兴学活动在一定程度上对当时中国社会普及义务教育有一定的积极意义，它解决了部分学校校舍不够、资金不足的问题，有助于促进义务教育的普及。对于模式口地区的平民教育的普及而言，在当时开启民智、推进社会进步等方面无疑有着巨大的意义。

---

❶《佛教日报》1928 年 11 月 26 日。

第四节　诸村模式

西山一带丰富的矿藏资源，不仅构成了当地最主要的经济支柱，为北京提供了丰沛的燃料来源。进入民国年间，在西山地区大力采掘煤炭、炼制钢铁，建造电厂，这些措施均为政府财政提供了重要来源，给当地经济发展带来了机遇，对于相关地区的生活设施的改良也起到了巨大的推动作用。民国年间石景山区与当时两项重要的工程密切相关，一是龙烟铁矿最终选址在石景山东麓；二是京师华商电灯公司选择在模式口地区架设线缆。这两项工程曾对模式口古镇的近代转型和发展影响深远。

为了遏制西方列强对北京公用事业的控制，同时也为了顺应日益强烈的民族主义情感，清政府授予华商电灯公司独占北京市场的特权。光绪三十年八月十七日（1904 年 9 月 26 日），史履晋、蒋式瑆、冯恕三人向商部呈《华商创办京城内外电灯公司请予立案以保利权折》，吁请清廷准许记名御史刑部员外郎史履晋等创办电灯公司之请求，得到军机处“奉旨依议”的答复。光绪三十年八月二十四日（1904 年 10 月 3 日）史履晋在《为创办京师电灯公司并缮呈公司章程恳请存案折》中强调：“前闻有洋商在东交民巷使馆界内创设电灯，诚恐陆续推广，利权外溢，当约同志数人召集股款，拟在京师内外城自行立厂建灯，设法抵制，声明除使馆占地一隅外，他地、他人不得再行设办，以保地方自治之权，而便民用，名曰京师内外城华商电灯公司。”1905 年，华商电灯公司由清末官僚史履晋、冯恕、蒋式瑆三人募集白银8万两创办；1906年发电厂正式建成并开始对外营业。它是北京最早的公用发电厂，是北京公用电力事业发展的起点。旅美学者史明正曾这样说过，“1905年京师华商电灯有限公司的成立是北京市政建设中的一件大事，它标志着电气化正式……扩展到商业和市民社会”。1919年8月，华商电灯公司为适应北京市民对电力的需要而不断引进新的设备并迁厂一次。公司资本也在1937年增加到600万元，并成为华北地区最大的发电厂。

1921年，“京师电灯公司在京西矿石口（应为磨石口）地方设立电锅机器，并在各处强占民地安设电杆，以故人民大动公愤，联名在宛平自治联合会递请愿书。闻该会已公举代表李雅轩、孙怡安等，在农商部京兆尹公署提署宛平县等衙门呈请公司侵占民地之行为，并闻今日下午四时在宛平劝学所开会讨论对待之方法。又一消息，此事昨日已经解决”。[1]电锅机器，应当是当时的发电设备。不久为了方便物料的运输，1927年11月，“电灯厂筑轻便铁路”，路线自西磨石口至石景山。据《京师警察公报》报道：“北京电灯公司，因燃料之搬运市场发生窒碍，拟自筑轻便铁路，由煤厂之西磨石口，至发电所石景山。”[2]华商电灯公司侵占模式口民地，不仅给予了村民补偿，同时轻便铁路的开通，也对当地发展有着极大推动。

华商电灯公司之外，龙烟铁厂也曾在模式口大量征地。1912年，民国北京政府开始发现和勘查龙烟铁矿。1919年集资官股5000股，折合银圆250万元，商股4591股，折合银圆229.55万元，正式成立官商合办的龙烟铁矿股份有限公司，并在宣化烟筒山矿开采矿石。在北京石景山建炼铁厂，厂址选定于北京西部石景山之东麓。

龙烟铁矿公司筹备开采烟筒山铁矿的同时，股东们也在着手自建炼铁厂，开始了选址与订购设备工作。督办陆宗舆当时就说：“办理铁矿之难，不在采

---

❶《电灯风潮昨讯》,《晨报》1921年1月23日，第6版。.

❷《电灯厂筑轻便铁路》,《京师警察公报》1927年11月13日，第4版。

矿，而在于制炼；铁矿之利，不在售砂，而在于钢铁。”[1] 在炼厂的厂址上，陆宗舆极为慎重。“炼厂地点为公司生命所系，实系根本问题，初稍不慎，后悔莫及，故于选择之时至为详审。”选择厂址的首要标准是以成本低廉为主，而后是地点宽敞高燥、用水适宜、运输便利、战时安全等。符合标准的地点有宣化、天津、通州、丰台、三家店、石景山等处。经过权衡比较，宣化适宜用大同煤，否则成本会很高，但是大同煤大都不能炼焦。天津、通州、丰台、三家店同样不能被选为厂址，因为天津，宜于用开滦煤，否则成本会高，而且存在地势低陷、处置铁锌困难的问题；通州，不但地势低而且交通不便；丰台，地势更低，炼铁需要的大量用水没有地方可以汲取；长辛店和三家店，又都地点比较窄。经过反复考虑，最终决定择定石景山以东地方为炼厂地点。该地宽敞，位于京绥铁路旁，确定厂址后便开始勘测与购地。

当时石景山山麓下的平原上分布着山下村、北辛安、广宁坟、古城和磨石口等村落。这些村落的农民们得知建厂占地的消息后，不禁哗然，街头巷尾，议论纷纷。据回忆，当测量人员前来丈量土地时，许多妇女和老人手持菜刀、棍棒涌来阻拦。为了减少征地阻力，陆宗舆宴请当地士绅李雅轩、磨石口大地主薛五等人，请他们协助向农民购地。经过一个多月的占地与反占地的周旋，龙烟铁矿公司购得 1162 亩土地，征地费共 58147.63 元。[2]

华商电灯公司和龙烟铁厂两项工程占地问题之所以能够顺利解决，均与当时村内一位重要的士绅李雅轩有关。

李雅轩，名堪，号雅轩，生于 1886 年，卒于 1924 年，曾担任过河北省议员、永定河水利会会长。正是在他的努力下，磨石口村成为北京市第一个使用电灯的村庄。李雅轩的家位于村中古街的北侧，弟兄六人，姐妹三人，其行五。李雅轩曾担任磨石口村村长、磨石口小学校长，是磨石口地区发展历史

[1] 吴景超：《龙烟铁矿的故事》，《新经济半月刊》1938 年第 6 期。

[2] 关续文：《陆宗舆与龙烟铁矿公司》，北京政协文史资料委员会：《北京文史资料》第 48 辑，北京，北京出版社 1993 年，第 145-156 页。

中一位重要人物。据后人回忆，民国初年，李雅轩在宣武门外开煤栈，颇有资本。当时，他通过火车从坨里煤窑将煤运进栈内外，家中还养着六大把骆驼，四十余只，亦用以驮煤盘脚。李雅轩在经营中，为人正直、学识渊博、脑子灵活，在商界颇有名望，后被推选为河北省议员。据说，当时很多人对北洋政府推选的议员颇有微词，但是李雅轩——一个普通的宛平县农民或者说是商人被北洋政府颁发了“嘉禾勋章”，从这点来看，他这个议员应该是名副其实的。

1919 年，李雅轩任磨石口村村长期间，京师华商电灯股份有限公司在石景山扩建发电分厂，如何将电能输送到京城？需要从电厂到京城之间架设电线，当时就需要途经模式口。当时架设电线杆需要占用村庄的土地，但关于村民补偿标准有不同意见。据说村里的大地主薛厚田觉得达成的协议不够合适，就挑唆村民，一时村民情绪相当激烈，群起与电厂抗衡。不过李雅轩却有着不同意见，他认为解决问题的思路应该是一方面要争取到最大的补偿，另一方面也要借助架设电线的机会，将电力引入本村庄。据后人回忆，当时李雅轩曾经反反复复奔走于电厂与村民之间，他告诉村民，应该支持电厂。有了电，既可以用作照明，又可驱动机械取代人畜之力，这是促进社会文明进步的大好事！至于埋电线杆子占地，我们可以向电厂索要占地费，损坏了青苗，我们可以要足够的青苗费。此外，他还悄悄地与电厂协商，给磨石口村安装电灯，并出资办一所小学。村民们平日就很敬重这位年轻的村长。听村长这么一说，也在理，也就不再闹了。之后，一切都按照李雅轩的设想按部就班进行。很快村民们拿到了土地占用费、青苗补偿费，还用上了电灯，孩子们有了上学的地方。当时，不仅是磨石口的孩子们可以来上学，就是附近三里五村的适龄儿童也可以来。李雅轩这一举动，为磨石口百年之后的教育奠定了基础，时至今日模式口村之所以人才辈出、底蕴丰厚，我想与李雅轩从那时起就重视教育是密不可分的。当然，这是后话了。

北京华商电灯公司（来源：北京市石景山区文化和旅游局）

同年，今日首钢集团的前身“龙烟铁矿公司石景山炼厂”在石景山地区建厂购地，因为占用磨石口大片土地，薛厚田再次阻挠，挑唆不明实情的农民抗衡，直接轰赶测量人员，甚至组织村民到京城大理院告状，斗争相当激烈。这次冲突再次经过李雅轩多方斡旋，石景山炼铁厂建厂工程才得以顺利进行。

1922 年，京师华商电厂按照与磨石口村达成的协议，在磨石口村安上了电灯，建起了小学校。当时，京城没有一个村子通电，磨石口是北京市第一个通电并家家用上电灯的村庄。李雅轩知道这些来之不易，但心存大爱的他琢磨着：磨石口村的很多做法是有推广价值的，如果可以让更多的村子用上电灯、建学校，那该多好呀！于是第二年春天，也就是 1923 年，他给宛平县县长汤小秋写了一纸“磨石口改为模式口”的呈文，建议将磨石口改为模式口，意为有模范之效应的村庄，并阐述了理由。汤县长看过呈文，认为所言极是，当即批准。自此，磨石口便正式更名为模式口了。[1]

电灯、电车与自来水是 20 世纪初期北京最重要的公用事业建设项目，它们的出现促进了北京基础设施建设的发展，推动了北京近代化的发展步伐。“小灯泡，空中放，灯绳一拉它就亮。”电灯的引入，对于民众生产和生活方式的改革有着极大的推动作用。至今在模式口地区口耳相传的民谣，反映了当时居民对于电灯的新奇与喜爱。毫无疑问，作为京郊较早通电的村庄，模式口对于新式生活设施的尝试，成为其他村庄发展与效仿的模式。“磨石口，先通电，来学校，当模范”，从引入电力设施到开办学校，近代以来的模式口古镇，实现了自我革新与飞速发展相结合、堪称“模范”的现代化路径选择。

---

❶《北京文史资料》，北京，北京出版社，1993。

第五章　古刹宝地

“西山秀色甲天下”，北京西郊诸山相叠，秀水环绕，山林葱郁，溪水潺潺，环境寂静空灵。掩藏在山水当中的缥缈灵秀的绝美景致，让西山成为世人远离俗世纷扰的修行空间。与此同时，西山也一直被视为京城龙脉之地，是一处著名的风水宝地，因而这里也成为历代寺观的理想选址。“模式口，街头长，家家住着和尚房。”在今模式口域内不仅拥有国家级文保单位法海寺、承恩寺，还有市级文保单位冰川擦痕、田义墓，区级文保单位龙泉寺、四柏一孔桥、模式口76号院等，文物保存现状良好、文化内涵丰富，具有较高的文物价值、文化价值和历史价值，更是与明代重要的宦官文化有着深厚的历史渊源。模式口地区流传着一句民谣：“法海寺的木工，承恩寺的地工，田义墓的石工。”斑驳的院墙，幽深的禅声，浸润着模式口的独特气质。

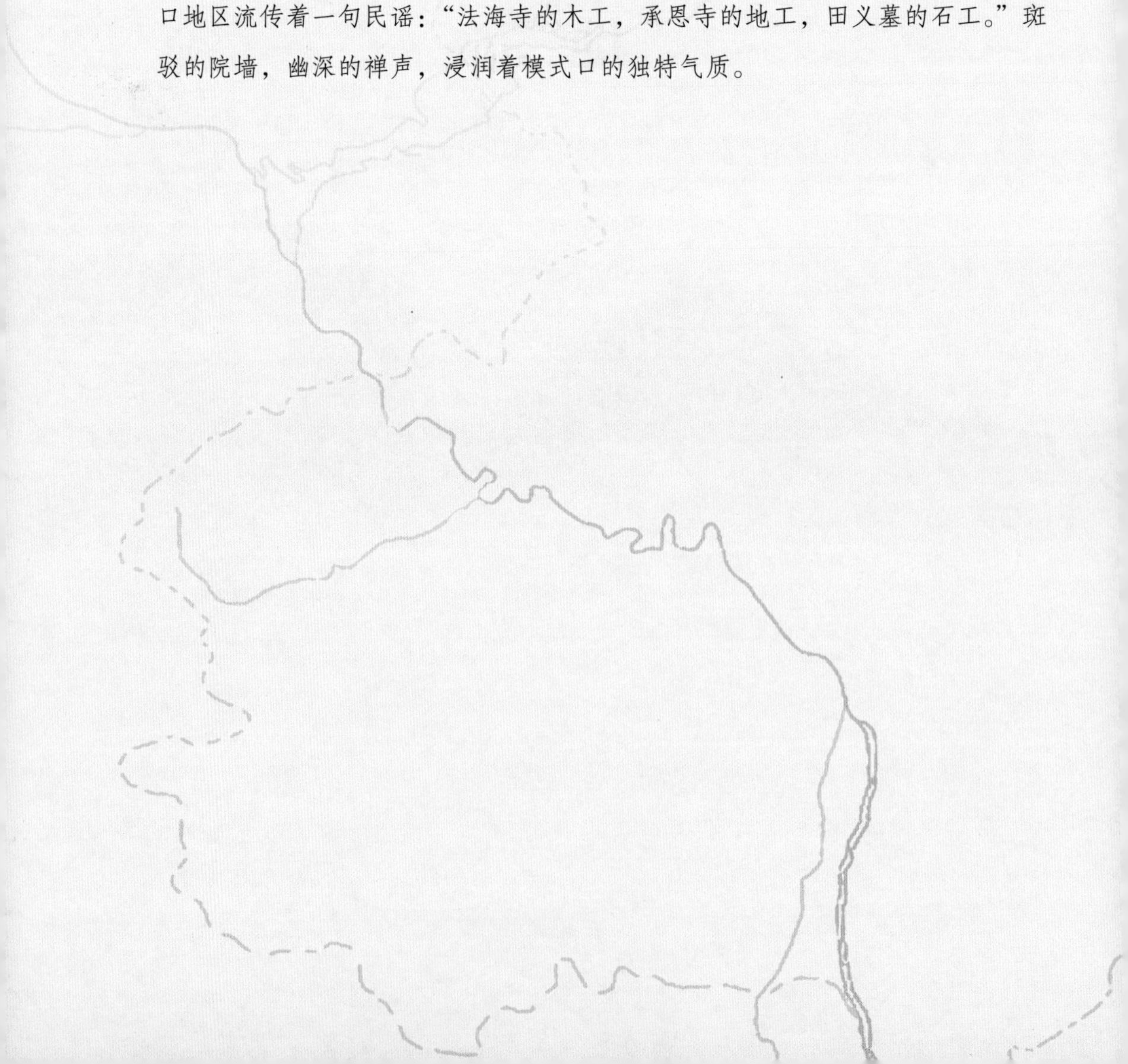

第一节　法海禅寺

法海寺位于今石景山区翠微山南麓，由明英宗近侍、御用监太监李童集资修建而成。法海禅寺始建于明英宗正统四年（1439），并于正统八年（1443）落成，由工部营缮所兴建。法海寺规模较大，远山门在寺南约一千米外，共四进院落，主体建筑有护法金刚殿、天王殿、大雄宝殿、药师殿及藏经楼等。1988年，被国务院公布为第三批全国重点文物保护单位。

20世纪20年代以来，民国政府曾对北京域内的寺庙寺产进行普查登记，其中法海寺在1928年及1936年的寺产登记中记载甚详：

（1928年）西郊第五分署磨石口村二十九号，明正统四年，私建，自行管理，为修行弘法之用，附属土地出租，面积四亩有余，房屋四十五间；附属土地三十亩，房屋二十间。

（1936年）（僧庙）西郊磨石口村二十九号，明正统年，私建，供佛，僧宿。不动产房基地四亩，房屋四十三间，亭子两座；附属耕地三十亩，山地一顷五十亩，房屋二十间。

法海寺以其大雄宝殿内的明代壁画著称于世。在法海寺大雄宝殿内，由宫廷画师官宛福清、王恕绘制有10铺壁画，包括“佛众赴会图”“帝释梵天礼佛护法图”“三大士图”等。壁画人物77位，采用叠晕烘染方法，大量使用沥粉贴金，虽已历经580余年，至今画面依旧金碧辉煌。民国年间，周肇祥的《旧都文物略》中记载：“西山磨石口法海寺大殿建于正统己未，至正德十年重修，大殿四周墙壁遍绘佛像，精妙无匹，断为明代之物。”不过，当时因“年久尘封”，壁画“无人护惜”。

1937年《天津商报画刊》刊载《平西法海寺书壁专页》，其中在《法海寺画壁发见记》中记载：“古代画壁，艺林上品，见于名刹，或传之载籍者，固不一而足，惜因失于保护，大都已归消减，存者亦多非原迹。其如去年兰脱姆夫人（Mrs Latham）在平西法海寺所发见之画壁完整如初者，堪称举世所希有焉。”法海寺壁画的发现，引起了历史学者和文化界人士强烈的好奇心。

1937年在《伦敦新闻画报》刊载了法海寺画壁的多帧摄影，并附有兰脱姆夫人介绍法海寺的文字，引起了艺术界的注意。“法海寺在北平西北约六十里之深山中，处许多巨大白皮松荫之间。规模不大，正殿中供三尊大佛，两旁十八罗汉，无异寻常僧寺。殿内光线甚弱，以致四壁画像，无从有人注意。”

法海寺壁画（来源：北京市石景山区文化和旅游局）

1936年，兰脱姆夫人游览至此，入殿参观，“直觉塑像之后别有灵境，旋感一线光线夺眶而入，乃嘱寺僧尽闭门窗，复使巨镜反射日光，遍照四壁，于是此稀世艺品，发现于世矣。就其艺论，堪称画壁最上乘之作品，‘非一代巨匠，不能为之’。”

关于法海寺及画壁，“此寺与其画壁俱生于明英宗正统五年（1440）因其地人迹鲜至，又无香火，故500年来其名不彰，而此画壁得获保全完整至今者，亦即因此也。世间许多书壁，或经善意的修缮，或遭恶意的拆毁，或失原状或归消减，此寺幸皆获免，得保无恙。虽间有几条裂痕及数处受潮，但丝毫无损于画迹，无加以修缮之必要。”兰脱姆夫人摄影时，“先用鸡毛掸除去画面之尘土，然后借反射之日光，分段摄录，设当时能用海绒清水，细加洗除，其影中画景，必更鲜明，不过此种洗除工作，非能壁画者，不能善为之，苟使常人为之，不明画壁性质及其工夫，必致损伤画面也。”兰脱姆夫人对于法海寺壁画之艺术价值极为推崇，她认为“壁画与其他画艺不同，善壁画者，必先研究宫宇全部之构造及其内部陈列，然后使壁画之布局，与之协调。法海寺之壁

1937年法海寺旧景（来源：北京市石景山区文化和旅游局）

法海寺大雄宝殿（来源：北京市石景山区文化和旅游局）

画，可称十足具此条件，堪与印度 Ajanta 地方，‘第一洞府’之书壁媲美于世。”据载：“该洞于七世纪时，由山崖穿凿而城，经良匠雕刻后，复由一佛教隐士，施以画工，画中蕴藏富宝，人物生动，蔚成大观，后人默信神灵，遂建坛以供奉之，画工与建筑及雕刻互相联系，混为一体，画景能引人至极端沉寂之境界。今法海寺之画壁，其所以能引起举世艺术界之重视者，亦因其能表现极端沉寂之境界也。”[1]

据学者研究，法海寺壁画凸显了明代的时代特征，展现了当时社会的精神追求。透过画师所描绘的法海寺壁画，已经从纯粹佛教信仰弘扬走出，与当时社会精神结合起来，表达了画工们对现实社会生活的感悟，这些成为明代社会主体精神与客体自然合一的载体。法海寺壁画顺应了人民对于理想生活的期

[1] 《法海寺》，《天津商报画刊》，《平西法海寺书壁专页》，1937 年。

法海寺壁画（来源：北京市石景山区文化和旅游局）

盼，让世人将希望寄托于来世，通过对自由、美好的极乐世界的描绘来安抚民众心理，稳定社会秩序，展示了明代社会文化与精神价值的传播路径和践行方式。法海寺壁画中也关照当时的社会现实。法海寺壁画通过塑造一个保护大地和生灵的神祇的悲悯形象，表现了佛教对人间疾苦的同情，宣扬了佛教所具有的支配自然和社会的无上威力，体现了人们渴望和平、祈盼安定的愿景。[1]

1956 年开凿永定河引水渠，因模式口隧道发生事故，郭沫若陪同市长彭真视察和慰问。视察结束后，郭沫若发现了山腰红墙黄瓦的法海寺，便前去查勘。当时的法海寺已经十分残破，作为北京九中的临时宿舍。打开大殿之后，虽然光线昏暗，但古寺壁画之精美还是让郭沫若十分震惊。“这可是民族瑰宝，这和敦煌莫高窟、山西永乐宫壁画同样是国宝。”回城之后，郭沫若即将相关情况与国家文物部门联系，并提出应该全面保护法海寺的建议。次年，北京市文物古建队进驻法海寺，开始大规模修复法海寺，工期共半年。

1962 年，中央美术学院的师生在法海寺临摹壁画并进行考古调查，发现了很多珍贵的文史资料。大雄宝殿东侧有佛顶尊胜陀罗尼幢，其序文为：“大明金台大夫李福善，洎众信官等同发诚心，于正统四年夹钟闰月下弦良日，鸠资创建法海禅寺，命工镌立佛顶尊胜陀罗尼幢一座……正统四年岁次己未九月二十六日谨立。”此处的李福善，即李童，福善为其法号。礼部尚书胡濙在《敕赐法海禅寺碑记》中写道：“御用监太监李童，以为生长太平之时，际遇圣明之主，职叨近侍，累蒙列圣宠眷，洪恩无由补报，欲建梵刹，虔奉香火，愿藉佛力，少酬答焉……正统八年岁次癸亥冬十月望日立。”法海寺西侧有李童墓，据胡濙所撰《御用监太监朴庵李君碑》，记录了李童与明帝的特殊关系，

---

[1] 王辉：《北京法海寺壁画的历史意蕴与文化精神》，《北京行政学院学报》2019 年第 6 期。

法海寺藏经阁（来源：北京市石景山区文化和旅游局）

而这也是其能够建造私第并获赐额的条件，从碑记中可知：他于永乐初年入选内廷，多次随明成祖出塞北征蒙古余众，明仁宗时随驾平定汉王朱高煦叛乱，宣宗时又随帝征讨蒙古兀良哈部，立下功绩。英宗登基时已是三朝元老，得英宗赏识，随又拜于太监王振门下，权倾一时。而其最终选择在模式口建造法海寺并将其作为安息之处，显然是极为中意此处的风水景色。

第二节 承恩古寺

承恩寺位于模式口大街东段北侧，2006年被列为全国重点文物保护单位。坐北朝南，“其地崇冈后峙，高塔前耸，长河抱其阳，平畴衍其周”。寺东为三界伏魔大帝庙，西为龙王庙。承恩寺历史悠久，相传唐武德年间此地已有寺院，明初“涸于氓居，践于樵苏”，仅存寺址。民国年间周肇祥在《琉璃厂杂记》中写道：“下山趋北辛安车站，过承恩寺，正德八年司礼监太监温祥建，有敕谕刻石。十年，李东阳为撰碑，语甚推重。”

明代宦官权倾一时的政治地位，与其自身特有的身体条件，促使这一群体与寺庙僧人结下了超乎寻常的密切关系。明代宦官生前信仰佛教，死后多投身佛寺。他们一方面大力修缮寺庙，另一方面则利用自己的权势为寺庙争取皇帝恩赐。僧人依靠宦官获得赏赐，荣升僧官，因而很多僧侣不惜投入宦官门下成为宦官的门僧。如司礼监太监温祥，修造承恩寺之后，“乞升僧人宗永为僧录司左觉义，佥书管事，兼本寺住持，领众焚修，为国祝延，以图报称”。[1]

正德五年（1510），司礼监太监温祥在承恩寺旧址建“新刹一区”，并取“圣恩承浩大”之意。关于温祥购地建寺一事，据现存寺内正德八年（1513）承恩寺敕谕碑记载：司礼监太监温祥……入禁廷，小心畏慎，绩学内馆，器业

[1] 《承恩寺敕谕碑》，收录于《北京图书馆藏中国历代石刻拓本汇编》54册，第6页。

进修，……竭诚佐理。后温祥于“顺天府宛平县香山等乡，买民人王鼎等地四顷有余，于内盖寺一区，旁置祠堂、茔域，以为□□之计”。可见，温祥建造承恩寺的最初打算，还是与其他宦官建庙立祠的想法一样，为其身后计。承恩寺除照章纳税外，“但乞优免一应杂泛差徭，又乞升僧录司左觉义签书管事兼本寺住持，领众焚修”。正德八年（1513）新寺落成，明武宗赐额“承恩禅寺”：“朕皆允其所请，赐寺额曰承恩。尚虑日后势豪之人侵扰盗卖，兹特降敕为之禁约，以示朕宠遇旧臣及于久远之恩。自今以后，内外官员、附近军民僧俗人等，敢有不遵敕旨者，必罪不宥。宜悉知之。故谕。”对于温祥建庙一事，武宗极具褒奖：“为国祝延，以图补报，具见其忠爱慈惠之意。”

高井村原有承恩寺老塔院，里面埋葬着承恩寺开山住持永公等十多位僧

承恩寺（来源：北京市石景山区文化和旅游局）

承恩寺敕谕碑

（来源：北京市石景山区文化和旅游局）

人，在永公墓碑中曾提到承恩寺的创建者司礼太监温祥。承恩寺现存道光三十年（1850）《重修承恩寺碑文》。据记载：承恩寺是温公所建，重修各殿之后在后殿之后又添建房屋数楹，刻温公木像一尊供于内。正德年间，温祥得到明武宗垂青，升为司礼监太监，“禄米岁各十二石头，赏银一百两，彩币四表里”。正德八年（1513）承恩寺建造完毕之后，明武宗敕谕之外，另给温祥颁敕谕令，对温祥褒奖言：“司礼监太监温祥，性资茂异，器宇端庄，选自先朝，策名中禁，内馆就傅，学业精专，启悟荐深，才美日著。先皇简命，事朕嗣位，言念旧劳，禄秩并升，擢任司礼，与同事诸臣竭诚辅佐，定乱发奸，参与谋议。小心慎密，公尔忘私，堪事宗藩，约己裕下，秋毫无扰，远近共称，朕惟宠嘉之。”可见正德一朝，温祥颇得明武宗之器重和喜爱，故不仅允许其建造庙宇，更颁赐敕谕。

承恩寺秋景（来源：北京市石景山区文化和旅游局）

清末承恩寺圣安和尚曾主持八大处灵光寺重修。据记载，清末庚子事变以后，圣安和尚重兴之大略，言庚子年寺毁于联军，成为一片焦土，有圣安和尚剃度于模式口承恩寺，抱有重兴灵光之宏愿，遂由本山各寺公举，主持此寺。二十年来，募化银达三万六千两，筑屋达六百余间，故名曰重兴灵光寺。[1]

进入民国之后，因承恩寺住持云慧病故，秀林接座呈报庙产情况。据载：承恩寺位于西郊西外五分署模式口十四号。秀林呈报庙产情况为：其中“庙基面积符”，但庙基间数多报“二十二间”，附属土地“多报四十七亩”；佛像神

[1] 田树藩：《西山名胜记》，西山八大处柳西山房发行，1936 年。

像“前报七十八尊，此次报七十余位”；法器，多报大鼓一面。此次庙产具体登记数为：本庙面积亩数约十四亩有余，又毗连余地三十三亩。本庙房屋间数一百二十五间。附属土地亩数，平地、山地二顷零七亩。又云和尚自置民红契地二顷二十八亩。

1928年承恩寺寺产调查情况为：位于西郊第五分署磨石口村十四号，登记为明正德八年私建，面积约十四亩（又毗连余地三十三亩），房屋共一百零三间；附属土地面积平地山地一顷六十亩，附属房屋，乡房一百二十五间。《民国二十年僧案选》中记载：“本庙面积亩数，约十四亩有余，又毗连余地三十三亩。本庙房屋间数，一百二十五间，附属土地亩数，平地山地二顷零七亩。”房屋数量比1928年增加，但是没有附属乡房的记载。另外，云慧和尚自置民人红契地二顷十八亩。

承恩寺建置十分讲究，布局较为独特。山门殿面阔三间，大式歇山顶，汉白玉券门上悬木匾，镌“敕赐承恩寺”。二进为天王殿，殿内现存明代壁画四铺，并以退晕法着色。殿左右为倒转角房，转角处起阁、东西两侧建有钟、鼓二楼，内有木梯可达楼内。钟、鼓楼建于殿房之上，为寺庙建筑所少见。天王殿北为大雄宝殿，殿中原有释迦牟尼铜像一尊，地下有石室、地道与四角碉楼相通。殿前立有三碑，一是明正德十年（1515）吏部尚书、大学士李东阳撰《敕赐承恩寺碑》；二为清乾隆三十二年（1767）所立垂修碑；三为清道光二十三年（1843）的《重修承恩寺碑》。三进为一独立院落，以短墙相隔，北为大法堂，面阔五间。

据相关学者研究，承恩寺寺院格局具有明显的军事性质，寺庙周围的碉楼及以大殿为中心的地道尤为著名。

第三节　田义墓祠

田义墓位于石景山区模式口大街 80 号院内，是明代万历年间司礼监掌印太监田义之墓。由田公祠（又称显德祠）、寿域及慈祥庵三部分组成，目前这里是北京唯一一座宦官文化陈列馆。2001 年，被公布为北京市级文物保护单位。

田义，别号渭川，陕西华阴人，生于嘉靖十三年（1534），卒于万历三十三年（1605）。据载，田义幼时就十分聪慧，才识与气度俱佳。嘉靖二十一年（1542）刚刚八岁的田义净身入宫，后被选送到内书堂学习训练。隆庆年间，调任六科廊任掌司。1573 年，万历皇帝登基，又提升为文书房管事，在处理皇帝诏书与百官密封奏章时，由于田义谨慎认真，故又封为内官监太监，并赐蟒衣玉带。以后，因其办事得力，功绩显著，又被任命为南京副守备，司礼监太监掌内官监印等职。万历十四年（1586），田义被任命为南京正守备，并兼掌司礼监印。万历十七年（1589）以后，又历任司礼监随堂办事、提督教习、司礼监印、酒醋面局印、总督礼仪房、团营大阅等一系列重要职务。据田义墓表碑铭记载：田义一生周慎简重，练达老成，历事三朝，未尝有过，故深得皇帝宠遇。他死后，皇帝赐白金宝钞，祭三坛，穿冢以葬，故而墓葬规格较高。

田义墓占地约 7000 平方米，四周均有石墙围护。整座墓坐北朝南，分为显德祠与墓地前后两部分。墓前的显德祠，前方为一石门，石门之北有两座高大

田义墓（来源：北京市石景山区文化和旅游局）

的八棱华表，华表之后是两座高约 2 米的护墓文臣、武将石像。进入墓地，迎面是一座石墓门，石门两侧有两面浮雕，上刻飞禽走兽，形象逼真。石门之北依次为三座带碑亭的石碑，分别为万历十年（1582）、万历十一年 (1583)、万历三十三年（1605）。后为享堂遗址、仿木结构的石楼、石桌及其他石供器物、坟冢等。这些石碑、石雕及石供器物，精巧细腻，风格独特，艺术价值较高。

田义墓前部是田公祠，后部是寿域，东西宽约 40 米，南北长约 150 米，四周有虎皮墙围护。田义墓保存较好，在文物部门详细调研与记载下，田义墓整体建筑情况已经非常明确，兹录于后：

田公祠：有大门、华表、石像生，棂星门、碑亭、享殿。大门砖石结构，硬山，卷棚式屋顶。门楼面宽 5.1 米、深 2.7 米、高 4.4 米。石门枕、门槛、门框、石门两扇。石门框内距 2.5 米、高 2.75 米，石枕上门枢直径 12 厘米，估计原大门厚约 10 厘米，现已无存。门上槛高 28 厘米、长 2.45 米，槛心有石雕八角门簪四个。簪心雕荷花，但图案各不相同，从东往西，分别为含苞待放、花蕾初放、荷花怒放、莲蓬结子，图案简洁明快。石额枋高49厘米、长5.12米，枋心雕匾额，高39厘米、长2.4米，横书“司礼监掌印太监田公祠”十个大字，楷体双线勾刻，每字大小约14厘米 ×14厘米。檐墙裙肩为石雕须弥座，高约85厘米，墙上身磨砖对缝，墙心四周有石抱框维护。门楼两侧有“一”字形砖石短墙，长3.2米、高3.4米。短墙墙心磨砖对缝，四周石框，这种短墙给大门增加了壮丽气氛。大门至棂星门距离20米，形成一院落，内有华表、石像生各一对。华表位于大门北6.2米中轴线两侧，一对华表相距10.6米，分列东西。华表为汉白玉石雕，统高7.3米。柱身八面，每面宽31厘米，周长约2.5米，柱身上下四周均浮雕祥云图案，柱身上部镀有云板，柱顶承露盘上蹲着望天犼，遍体鳞甲，昂首腆胸，鼻子冲着天空。最有特色的是华表座，八角形须弥座，每面高80厘米，宽52厘米，其上坊下坊、上枭下枭、束腰以及平面雕都很精细。束腰八面浮雕有麒麟、飞马、骆驼、狮子、大象、兔子、鹿、羊等石兽，姿势有蹲、立、行、飞，生动传神。东华表座的西南面，西华表座的东南面，其腰间雕刻也非常精美，一幅是行狮驮宝瓶，瓶插万年青，威武雄壮；另一幅是象负宝盘，盘盛金银珠宝，魁伟壮观。

石像生位于华表北2.2米处，整块青石雕成，文东武西，面对神路而立，间距6.2米，石人高2.8米。文臣留着山羊胡须，头戴朝冠，身着礼服，手秉朝笏，严守以待。武将形象十分威武，方脸大耳，肩宽腰粗，脚大手壮，头鉴顿项，身披铠甲，护膝卫足，手执金吾如十一节铁鞭，显得英勇彪悍，威风凛凛。

棂星门位于石人北10余米，青石结构，是田义墓的第二道门。由两柱一间和两侧“一”字形短墙构成。两柱通高5.7米，上部贯以云板（现已脱落），柱头蹲着石狮。额枋上装饰火焰宝珠，意思是神火不熄，逢凶化吉。石门两扇，面宽2.08米、高2.68米（现一扇残缺倒地，另一扇失）。石门两侧短墙高4米、宽2.2米。墙顶有青石仿砖木结构的屋脊式装饰，硬山筒瓦、勾滴梁枋，立体感很强。墙下部为石砌须弥座，座高 1.2 米。墙心为石浮雕吉祥图案，每幅画高 1.14 米、宽 1.6 米，阳面两侧雕狮子图，阴面浮雕为两幅双鹿图，双鹿图画面上，一鹿昂首行走，另一鹿俯首觅食，一动一静，和谐自然。双鹿周围有松柏竹梅，奇嶙怪石，树枝间有飞着的蝙蝠，鹿脚下有盛开的野花兰草，潺潺的流水，石缝里有鸣叫的蝈蝈。一幅双鹿风景图构图严谨，主题突出，内容丰富而不杂乱。从民俗考虑，这幅画象征“福（蝠）、禄（鹿）、寿（松柏）长久”“路(鹿)路（鹿）顺利”“官（爵）上加官（蝈）”等吉祥含义和美好向往。双鹿图构图讲究，雕工细腻。两侧有石抱柱。整个棂星门连着田义墓的第二道围墙，过去棂星门一般关闭不开，两侧还另有小门通行。

碑亭位于棂星门北约 10 米处，东西三座并排。中亭位于墓区中轴线上，为砖砌圆顶、重檐，墙体呈八角形，东南西北各有券门。碑亭统高 5.5 米，八角墙每面宽 2.5 米、高 2.8 米、厚 0.5 米。内立《皇帝敕谕南京司礼监太监田义》龙首碑一座，碑通高 4.75 米。碑首高 1 米，雕二龙戏珠。碑身高 2.64 米、宽 1.26 米、厚 0.48 米。碑身阳面碑文为皇帝敕谕田义为南京守备的“圣旨”全文，敕谕时间是万历十一年（1583）三月十二日。阴面原无刻文，现存后人墨书楷体佛教《心经》全文，书写格式为回文塔形式，碑身西侧墨书“乾隆二十三年戊寅荷月”，碑身东侧墨书“笑花居士澄心稽首敬书”。碑座为长方形，高 1.10 米、宽 1.88 米、厚 0.88 米，碑座阴阳面各雕三龙，坐龙居中，行龙于侧，上有祥云，下为山石海浪，如仔细看，在 9 厘米长的龙爪下，还刻有仅 6 厘米长的奔马，做工一丝不苟。碑座的东侧雕刻一头熊，倚立于松竹梅山花草之中，而草丛中还刻一只仅 4 厘米长的蝈蝈，形象逼真，足须肢体，清晰可辨，碑座的西侧雕刻一头猛虎。

西亭砖石结构，高 5 米，歇山重檐式屋顶，筒瓦调大脊，鸱尾垂兽。墙体为四方形，墙高 2.7 米、宽 5.5 米、厚 1 米，南北为券门，东西为券式石窗。内立《敕内官监太监田义碑》，通高 4.15 米，其中，碑首高 1 米，浮雕二龙戏珠，碑身高 2.25 米、宽 1.06 米、厚 0.42 米。阳面碑文为：敕谕内官监太监田义押发秦府永寿王府辅国中尉怀墉送至凤阳的“圣旨”全文，敕谕时间为万历十年（1582）八月初九日。碑座为长方体，高 0.9 米、宽 1.52 米、厚 0.75 米，四面雕龙。东亭形制同西亭，内立《乾清宫近待司礼监掌印兼掌酒醋面局印总督礼仪房司礼监太监渭川田公墓表碑铭》碑，通高 3.58 米，碑首高 1 米，篆额“皇明司礼监掌印太监渭川田公墓碑铭”，四周浮雕二龙戏珠，碑身高 2.25 米、宽 1.06 米、厚 0.42 米。阳面碑文：光禄大夫柱国少傅兼太子太傅吏部尚书中极殿大学士知制诰经筵日讲事国史玉牒总裁四明沈一贯撰文，礼部尚书文渊阁大学士知制诰经筵日讲昆山沈鲤篆额。

享殿位于碑亭北 19 米处，面宽三间共 14 米，进深 9.4 米，石门石窗，门楣石额刻“敕赐显德祠”五字，石窗棂仿木雕刻的是十字花套金钱图案，窗棂上并浮雕门钹和仰月千年吊。殿内明间正中原设楠木雕田义坐像，连台座通高 3 米。享殿台基高 52 米，土衬石、角柱、陡板、阶条石都保存完好，山柱、角柱以及金柱的柱顶石仍在原处。享殿内有谕祭碑、祭碑和重修碑共五座，碑座均为长方体。其中已故本官胡太监、田太监墓碑：通高 2.54 米、宽 0.84 米、厚 0.3 米。慈祥庵碑：通高 3.1 米，碑身高 1.55 米、宽 0.9 米、厚 0.43 米，碑座长方形四面雕龙；阴面篆额“永垂不朽”，碑文“重修慈祥庵碑记，道光七年丁亥秋九月，懋勤殿首领吕进祥书”；阳面额书“皇恩准给”，碑文“慈祥庵呈文碑，慈有方捐产为庵，康熙十一年闰七月十七日，圣旨准他”。

寿域位于享殿北，从寿域大门至宝顶北围墙，约 55 米，中轴线上有神道、田义墓。田义墓葬由宝顶、基碑、供桌、香炉（石五供）组成。太监因净身离乡，出宫后一般都在寺庙内养老憩息，不少太监都愿死后附葬于著名太监冢附近。田义墓两侧就有不少其他太监的墓葬，因年久，附葬者有的碑已无存，有的宝顶已无，有的只留供桌，有的只留墓碑。

寿域大门位于享殿北约 10 米处，现已塌毁，砖石结构，石构件散落，现存石额一方，长 3.45 米、高 0.4 米、厚 0.33 米，上刻“古华阴渭川田公寿域”九个大字。

寿域神道宽 4 米，两侧埋砖为界，神道直达田义墓冢，田义墓冢距寿域大门 30 米。宝顶直径 6 米，基座已塌毁黄土宝顶现高 3.2 米。宝顶前 6 米有田义墓碑，是墓地内最大的一通，通高 4.10 米，碑首高 0.8 米，碑额篆书“皇明”二字，四周雕龙，碑身高 2.25 米、宽 0.8 米、厚 0.8 米。阳面刻“司礼监掌印太监兼掌酒醋面局印渭川讳田公之墓”，两边并浮雕仰龙。阴面刻“司礼监等衙门太监等官孝名下：李允中、刘孝、杨致中……”（共刻 17 行，259 个名字）。碑身东西刻宝相花，碑座为长方体，高 1.05 米、宽 1.28 米、厚 1.3 米，阴阳两面各雕三龙，东西各雕麒麟一头。碑前有一供桌，长 2.63 米、宽 1.24 米、高 1.08 米，四面雕有龙纹。

位于模式口大街 81 号院内的慈祥庵，始建于明代，原为田义墓附属寺观。在《日下旧闻考》中记载：“慈祥庵系明刹，本朝重修。”慈祥庵原为胡、田坟的善地。据从田义墓享殿中发掘的康熙十一年（1672）撰《慈祥庵呈文碑》记载：“已故胡太监、田太监坟墓一区，坐落西山磨石口地方。后倚山场旁有住宅一所，已立佛像，改为善地，名慈祥庵。”据石景山区文化和旅游局调查，慈祥庵坐北朝南，山门有木额“慈祥庵”，门前有影壁，进院有东西侧房各三间，北屋七间，明间为过道；二进院有东西配房各三间，须弥座影壁一座；三进院有正殿、东西配殿及厢房。正殿为大式硬山结构，前后廊，供释迦牟尼、十八罗汉；四进院有配殿、耳房及后殿，其中在后殿内供奉观音菩萨像。殿后有藏经阁，庵后有万善普同塔，又名海会塔。1958 年文物普查显示，慈祥庵后山场共有四座普同塔，分别建于康熙十三年（1674）、康熙四十五年（1706）、乾隆十八年（1753）和道光十六年（1836）。塔为覆钵式，高 7 米，直径 2 米左右。遗憾的是，这些珍贵的建筑现均无存。

民国以来，慈祥庵已为平西地区的著名古刹。据《大公报》记载：位于平西模式口地区的慈祥庵，“为平西有名之古刹”。其“庙宇筑在红山口山巅之上，建筑宏大、风景绝佳。主持悟立，庙中僧众有七十余人”。民国年间曾在礼佛活动中发生过大佛被盗卖的事件。据报载：

前日为旧历五月初一日，主持悟立因是日为礼佛之期，率阖庙众开启各大殿，诵经拜佛。比至大雄宝殿中，则见殿中供奉之大肚弥勒佛、托塔天王、韦陀等铜胎包金佛像八尊，竟自不翼而飞。遍询该庙众僧众人等，均不知情。该主持僧悟立以此八尊佛像皆身高三尺，其量甚重，绝非一般普通贼人所能窃取者。因此，即据情报告该管西郊警察署，请为追缉贼赃。该区署长吉世安，以此佛像系铸在宋徽宗时代，为有名之古物。此佛被盗后，必被贼人售与古玩铺无疑，因此乃派警探分往琉璃厂等处各古玩铺中查寻。乃昨日有该区巡官赵海山率便衣巡警俞海明、金崇龄等，查至王府井大街宝明斋古玩铺内，查获托塔天王佛像一、韦陀一尊。经该巡官电告区署，将失主悟立和尚传到辨认，确系该庙所失去之佛像。比向其铺长李陈氏讯问，则称系于月前用六百元买自一马姓者，彼并不知系盗窃之物等语。该警士以事关窃盗，当将该托塔天王佛像及该古玩铺长李陈氏一并解往区署，转送公安局。此外弥陀佛等六尊佛像尚无下落，据该主持僧人悟立声称，所失金佛八尊皆为当代无价之宝，事关古物保存，因此该庙已据情呈请公安局转饬各区队一体严为查缉其他六尊佛像。[1]

除了著名的田义墓之外，模式口地区还有散布于附近的古代墓葬，如明代宣城伯家族、清平伯家族、太监张升墓、邓贤墓；清朝康熙大臣朱国治墓、清代中后期礼亲王墓等。其中“张氏一品夫人墓”，位于模式口大街法海寺东。据考证应建于清代。该墓碑上书“清封一品夫人特褒贤孝张母梁夫人之墓”已毁，目前存墓券墙二层，占地面积 100 平方米。

---

[1] 《平西古佛被盗》,《大公报》(天津版) 1930 年 6 月 3 日。

第四节　特色文化

“深山藏古寺”，选一处寂静的深山，择一方清寂的幽谷，是历代僧侣修行所向往的超脱世俗、修行冥想最理想的意境。模式口地区因地处古道枢纽，山林幽静，环境优美，历史时期是一处古刹林立、香烟缭绕的寺观圣地，也有着深厚的传统文化根基。正如舒乙在《发现北京》中写道：“京西石景山的模式口地区真是一个聚宝盆：区区小地，三个宝贝，一个法海寺，一个承恩寺，一个田义墓，又是壁画，又是雕刻，全是明代的，全是精品，宛如一个伟大的艺术之乡，难得！”明代沈榜在《宛署杂记》中记载：“西山一带形势稍胜者，非赐墓、敕寺，则赐第、赐地；环城百里之间，王侯、妃主、勋戚、中贵护坟香火等地，尺寸殆尽。”[1]清高宗曾经说过，“至今京城内外以及西山，琳宫梵宇，大裆修建者十居八九，至域封树，制拟山陵，华表丰碑，大书蛇立，工费率巨万计”，[2]可见清朝初年由宦官修建的寺庙数量之多、规模之大。

宦官文化是明代非常独特又极具内涵的社会现象。据学者不完全统计，明代宦官人数，最多时两万有余，一般保持在一万到一万五，数量极为庞大。宦官在明代拥有极为特殊的政治地位，特别是伴随宦官在政治中参与度的不断提

❶ 沈榜：《宛署杂记》第 4 卷《天字》。

❷ 《明史》卷 304，《宦官传序》。

升，其权势日益膨胀，并且广积家财，金银珠玉动以万计，影响重大。明代有权势的宦官为重身后计，大多选择在宫外置办私第。明宣德八年（1433）实录记载："内官、内使往往在外私作居室，宜皆究实，具名以闻。其应给者给之，不应给者悉入官。"可见皇帝对于宦官置买私第的行为是默许的，甚至很多时候是皇帝专赐。如明成祖靖难之役的成功，也多得助于宦官之力，故"上深念之"，并"特赐居第"。[1]明代宦官为了保护私第，多将私第建为寺庙，并乞求皇帝赐额，以寻求官府的认可护佑，以保证其香火延续。陆容载："京师巨刹，大兴隆、大隆福二寺为朝廷香火院。余有赐额者，皆中官所建，寺必有僧官主之。中官公出，必于其寺休憩。"[2]实际上，明代宦官建庙的现象，在北京西郊地区极具典型。清人朱彝尊就北京这一现象曾说过："都城自辽、金以后，至于元，靡岁不建佛寺。明则大无人不建佛寺，梵宫之盛，倍于建章，万户千门。"[3]

中官最信因果，好佛者众，其坟必僧寺。宦官建寺"显为邀福于佛，阴令其徒守冢域"，故其选中的守冢之人多是僧人。"游京师之外，而环城之四野，往往有佛寺，宏阔壮丽奇伟，不可胜计。询之，皆阉人之葬地也。阉人既卜葬于此，及更创立大寺于其旁，使浮屠者居之，以为其守冢之人。"[4]明代很多宦官十分虔诚，日日崇佛。而身居宫廷的宦官崇佛行为一般是日常崇佛和晚年的佛寺生活。宦官所居"廊下家"，是答应长随所居之地，一般"各有佛堂，以供香火，三时钟磬，宛如梵宫"。明英宗时，司礼监太监兴安"既喜禅学，深悟理性，视功名犹草芥，富贵如浮云。间以所获金帛修营梵宇，创□舆梁，每岁饭僧，率以为常"。成化间太监夏时"素好释教，每

[1] 《故太监刘公墓志铭》，北京图书馆金石组编：《北京图书馆藏中国历代石刻拓本汇编》，郑州，中州古籍出版社，1990—1991年，第51册，第75页。

[2] 陆容撰：《菽园杂记》卷5，第59—60页。

[3] 鄂尔泰、张廷玉等：《国朝宫史》附录《圣谕》，北京，北京古籍出版社，1987年，第2页。

[4] 刘若愚：《酌中志》卷22《见闻琐事杂记》，第200页。

朝退，□香诵经，孜孜忘倦。夜则跏趺而坐，至三鼓乃寐。积五十年，率以为常。”他们往往以归葬寺庙作为最后归宿。兴安临终前告诫名下宦官说：“死后幸勿妄有所费，但从释氏之教葬我足矣。”说明宦官不仅生前信佛，死后更是归葬寺庙，以示虔诚。嘉靖间内臣刘玉也礼尚释教，生平崇尚简朴，严口腹之欲，稍饮酒，“不茹荤，则严戒以终其身”，还有用信佛来抵罪的行为。

明朝宦官地位的提升，加之皇帝对于寺观的提倡，使得宗教一时兴盛起来。宦官成为明代北京西郊寺院修建的重要推动力量。从另外一个方面来说，宦官大肆建造寺庙，只是其专权的一个表现，正如李梦阳所言：“今京城内外，千观万寺亦炽矣，顾又不止。彼左右侍臣，孰非造寺者也。”“彼以巨万入者，又何惮而不造寺也。”[1]明人王廷相作《西山行》曰：“西山三百七十寺，正德年中内臣作。华缘海会走都人，碧构珠林照城郭。”[2]宦官“益重佛僧，建立梵刹以祈福者，遍两京城内外云”。[3]成化年间，礼部尚书周洪谟针对当时寺庙的兴盛也发出过这样的感慨：“成化十七年以前，京城内外敕赐寺、观至六百三十九所。后复增建，以至西山等处相望不绝。自古佛寺之多，未有过于此时者。”[4]万历年间的沈榜记载：“今天下二氏之居，莫甚于两都，莫极盛于北都；而宛平西山，实尤其极盛者也。”[5]

明代宦官与僧人之间也有着千丝万缕的关系。据正统修建的《法海禅寺记》表明，当时协助宦官李童建造法海寺并任第一任住持的僧人福寿，为僧录司右善世雪峰渊公法嗣。其中雪峰渊公即祖渊（1389—1449），字天泉，号雨庵，《补续高僧传》称天泉渊公，在明廷中地位极高。宣德九年（1434），“甲

---

1. 李梦阳：《空同集》卷39《上孝宗皇帝书稿》，《四库全书》本，上海，上海古籍出版社，1987年，第351页。.
2. 沈榜：《宛署杂记》卷20《志遗三》，引王廷相《西山行》。
3. 徐学聚：《国朝典汇》卷134《释教》，《四库全书存目丛书》本。
4. 《明宪宗实录》卷260，成化二十一年正月己丑。
5. 《宛署杂记》卷19《祠·凡七》。

寅，被召入京，命为左觉义……升右善世……所度弟子以万计，嗣兴教事，及主名山、住大刹者又若干人。”福寿是右善世的高足，这也从侧面说明李童与僧录司关系极为密切。

纵观有明一代，在外有私第的宦官不在少数，且多是有权势的宦官，中层的宦官则以助缘建寺庙为主，而小宦官则无缘以上两类活动。宦官以寺庙为私第的情况很多，宦官是刑余之人，死后不能归葬祖坟，因此他们大多身前皈依佛门，死后归葬佛寺。沈榜《宛署杂记》中记载：京城“寺庵宫观庙堂祠，共五百七十五处。”北京西山很多寺庙多是宦官出资修建的寺庙，这些也是宦官平日的休沐之所。与此同时，明朝因宦官崇佛人数众多，在宫中有固定的念佛会日和节日。宦官的集体崇佛行为有结社念佛。故刘若愚在《酌中志》中写道：“皇城内旧设汉经厂，内臣若干员。每遇收选官人，则拨数十名习念释氏经忏。其持戒与否，则听人自便。如遇万寿圣节、正旦、中元等节，于宫中启建道场，遣内大臣瞻礼。扬幡挂榜，如外之应付僧一般。其僧伽帽、袈裟、缁衣，亦与僧人同，惟不落发耳。”[1] 与宦官文化有着紧密联系的西山寺庙，不仅为揭示明清以来独特的社会制度提供了重要史料，更为当今留下了十分珍贵的历史文化遗产。

[1] 刘若愚：《酌中志》卷 16《内府衙门职掌》。

第六章　民间信仰

开放包容的地区性情与品格，带动了模式口地区多区域、多类型的文化融合的历史特征。形式多样且历史文化渊源深厚的非物质文化遗产，作为模式口古镇历史文化资源的重要组成部分，与本地的物质文化资源相结合，成为模式口地区历史脉络和主体文化的重要构成。

第一节　慈善魔王

石景山模式口西北的天泰山，与妙峰山、丫髻山并列，被称为京城“三山五顶”中的“三山”。民国年间的《都门识小录》则称天泰山是“京西三山”之一。在天泰山上有一座慈善寺，该寺在民国《北平旅行指南》中写作“天台寺”，据寺中光绪八年（1882）《重修天太山慈善寺碑记》记载：“都城之西四十余里，有山曰天太，诸峰环绕，夙称胜地。虽无林泉之美，而四顾巉岩，白云缭绕，盖亦天地之灵秀，钟毓于此也。其上旧有慈善寺，灵徽丕著，福佑良多。”

慈善寺的具体修建年代尚未有准确说法，相传建于明末清初，至今已有四百多年的历史。1995 年，由北京市人民政府核定并公布为第五批市级文物保护单位。寺庙占地面积约 63473 平方米，共有 38 座殿宇、100 多间房，建筑面积约 2500 多平方米。进入大门，格局分中、东、西三路，以西路的大悲殿为主，大悲殿三楹，正中供金漆木雕观音像，两旁有碧霞元君等八尊塑像。在中国古代寺观中，这种佛、道并祀的现象，在京郊并不多见。清末慈善寺每年三月十八日开庙，香火鼎盛。据富察敦崇在《燕京岁时记》中记载：“天台山在京西磨石口，车马可通，即翠微山之后山也。每岁三月十八日开庙，香火甚繁。寺门在南山之麓，寺在北山之巅，相去几至里许，沿山有流泉三四，涓涓不穷。”吴柳隅在《游天台山慈善寺题壁》一诗中写道：“云影江光送落晖，山远如画望低微。却因桃李花争艳，留得青春不肯归。”

民国初年张恨水审定的《北平旅行指南》中写道：“天台寺距阜成门约四十里，寺又名慈善寺，寺距平西三家店不足七里，在西山小天台山上。大殿供天仙、圣母、子孙等娘娘佛像，后院有殿，内供佛像系肉胎坐化，传为清顺治帝出家后修成正果，得道坐化于此。”书中对于慈善寺的沿途风景、寺中景象进行了详细描述：

天台寺又名慈善寺，出西直门或阜成门行四十里，在西山小天台山上，若乘平绥路门头沟支路小票车，至三家店下车，离寺仅七里。自山脚下登山，拾级数百，松柏夹道，羊肠曲径。而达寺前，庙堂宏敞。院中花果，芬芳可挹，大殿三楹，供天仙圣母等娘娘九尊，后院崇阙，上下共五楹，内供佛像，系肉胎坐化，隆准凤目，状貌英武，宛若天人，说者谓系清帝顺治出家后修真成果，坐化于此。而寺僧则称燃灯古佛，肉体成圣，嗣经清帝敕赐号为魔王和尚。匾额及碑文，均为乾隆四十四年至七年御笔。殿侧陈石缸一，缸为佛坐化时，原用为埋葬之具，相传佛体入缸二日，闻异香四溢，自缸中出，徒从遵遗嘱，即将遗体取出，供于龛中，迄今垂三百年，无丝毫损毁。石则为当日跪拜所用，日久磨擦，成两膝盖之凹形，中有缕缕血纹。又传魔王为明末高僧，有夙慧，现疯颠相，夜住山洞，日间将巨石推落山下后，即下山将石负运山上，略停又复推下，日日如是者数十年，后圆寂于洞。其生前运石，盖为炼魔之工夫，故称为魔王菩萨云。又顺治帝结果，言人人殊，或谓南苑有关帝庙，在清初已封闭，民国后更折毁无存。顺治在苑中游览，因倦闭门小憩，侍卫以时间过晚，乃请示于御前大臣贝子章泰，启门视之，已空无所有，于是章立著一诗，托言世祖倦勤出家耳。

该文对于慈善寺的地理区位、建筑格局及魔王身份的考证，均有十分详细的记载。

慈善寺娘娘庙（来源：北京市石景山区文化和旅游局）

1912—1925 年，爱国将领冯玉祥将军曾多次前往天泰山慈善寺祈福、居住。在《我的生活》中，冯玉祥写道："我这一营奉命开往京西三家店守护陆军部军械局。三家店在门头沟附近，离北京四五十里路，火车半个钟头即达。再过为妙峰山，正北为天台山，过天台山为过街塔。这一带都有一夫当关，万夫莫开之险。若是发生战事，只要地形熟悉，这许多地方都可以大大地利用的。"

对于民国年间慈善寺的情况，在 1928 年北平特别市政府的寺庙登记中有所记载："建于明，康熙年间重修，属私建。本庙面积约六亩，房屋瓦房共一百间，附属土地二十亩（在庙旁毗连）。另有石碑四座。"此外，1936 年北平市政府的第一次寺庙总登记，说法如前，但关于描述土地有所变化："不动产土地六亩，附属山地三顷三十亩（寺庙财产登记为二顷三十亩），房屋一百零四间。另有石碑八座，松柏一百余棵。"[1]

[1] 《北京寺庙历史资料》，北京，中国档案出版社，1997 年。

慈善寺的南山坡有座藏式塔，高约 10 米，相传为魔王和尚衣钵塔。每年三月十五日，传说是魔王和尚成道之期，为纪念魔王和尚，慈善寺开庙三日，香火极盛。特别值得一提的是，慈善寺中的泉水，从山洞流出院中，直穿山门而下，瀑布成泄，周年不绝，由山门至二门，东侧沿山有小庙七，名七星，为清帝乾隆游寺时敕建，每逢旧历三月十四、十五、十六三日，系为古佛得道之期，附近村民来寺演戏酬神，并有文武香会三十余堂，由远道朝山进香，在此三日内，游人与礼佛之善男信女甚多。

在周大封的《周知玄西山游记》中，详细记载了念佛桥、一片石、万善桥等地的路线及沿途风光。

逾岭西行十里许，过念佛桥、一片石、万善桥，桥右有石佛一尊。至翠微山，北岭之西麓，而入双泉寺。寺在两岭之下，双泉汇流，得名以此。元明内侍祈福，遂兴土木，殿室鳞次栉比，幽雅天然。前有古松两株，轮囷离奇，如擎盖然。禅院内外，多植频婆桃杏。殿西有益寿堂，烹茶踞坐，住持摘杏而献，盘衬金丸。香醒午梦，桉流玉液，甘督诗邮。余与秋士尚未鼓腹，复索十枚，袖携而行。寺左岩间，有小石窟，窟前杏树尤盛。距寺半里许，旧有香盘寺。近已颓圮，基犁为田，仅存舍利塔一座。高耸岩烟岫雾间，为游人所指点也。由山麓北行五里许，侧迳窈窕，历磴而登，至天太山佛慈善寺。寺本非巨刹，亦非名，山自清康熙初，有疯僧隐居荒山，苦修梵行。

慈善寺以其供奉魔王而殊于其他寺观。民间一直流传着“三山五顶拜娘娘，唯有天泰拜魔王”的谚语。关于慈善寺所供佛像的身份之谜，一直为世人所关注。富察敦崇在《燕京岁时记》中认为“所谓魔王者，语多荒诞不经，无从考其出处矣”。民国年间的蒋芷侪在《都门识小录》[1] 中曾详细考证过慈善寺

[1] 蒋芷侪:《都门识小录》,《中国野史集成》第 50 册，四川，巴蜀书社，1993 年。

魔王身份：

京西三山，有“山前鬼王，山后魔王”之谚。闻明天启间，有海袖禅师行脚至此，在西山（三山之一）宝珠洞挂单。流贼陷京师，山前死人极多，洞中僧皆逃去，惟师独留。每夜静，即闻梵音喃喃，为诸魂超度。迨世祖入关，嘉其功行，加封赐紫，后圆寂于此。檀越为塑金身，以志信仰，士人因呼为山前鬼王云。至魔王历史，则众口一词，谴即章庙。相传于二十七岁冬间，忽潜往天泰山（三山之一）寺，落发修道，剃度时，作诗数首，有“来时鹃突去时迷，空在人间走一回。”又“我本西方一佛子，缘何流落帝王家”等句。士人谓像为肉体金装，寺内有巨缸一具，斗大石球二枚，每年四月初一日开寺，远近进香者云集，城内中西人往游者亦伙。寺前有碑数方，皆檀越题名，毫无记载。按明人有妖僧煽乱一则，云：“英宗亲征也，先败于土木（今直隶怀来县西），太后命郕王监国，改元景泰。是时有天泰山妖僧，四处揭帖，言其师景泰禅师于某年圆寂，曾示今年今月，当出世为君。并邀集士人，往揭藏骨缸，果见法身未坏，即舁出装金设坐，称为景泰菩萨。乡愚迎赛，举国若狂。后为顺天府封禁，将妖僧拿办，以山名及巨缸证之，则今之所谓魔王者，即景泰菩萨。”章庙为僧事，余曩阅某说部书曾载之，以其显违实录，不敢信。乃都人对于魔王，竟称为章庙，年年开寺进香，昌言不讳，而朝廷亦不之禁，殊可异已。

1922年《小说新报》记载：“京西天太山巅，有慈善寺，寺中塐魔王像一首偏响，左目微闭，高颧隆鼻，髭须短少，喉结突出，望之几如生人，或谓为清世祖真相。”据称，当时慈禧经常去慈善寺，“慈禧之世岁犹率其支属，一往展拜。世祖为僧之说，观此殆可信。”[1] 当地老百姓都说顺治放弃朝野出家修行，伏魔殿北墙的《归山诗》据说也是顺治帝手笔，中有“黄袍脱

[1] 《谈荟》，《小说新报》1922年2月。

换紫袈裟，只为当年一念差。我本西方一衲子，因何生在帝王家。十八年来不自由，南征北讨几时休。我今撒手归山去，谁管千秋与万秋。”另外，在1927年韶公辑《燕京旧俗志》中记载：肉身和尚在北京共有两处，“一为京西天台山庙内亦有，与此相同者。一个神情态度大致相同。据俗传此像系为清顺治皇帝之肉身，亦并无详确之考证。仆于数年前，曾携友数人遨游西山各大寺院，亲至天台山考查参观，确见神龛前之幔帐棹围等项，均用正黄色缎团龙花样，并陈设黄黑旗伞銮驾等类，实为各庙所绝无者，设非皇帝，乌若有此或者齐东野人之语？”在其游记中还写到了慈善寺兴盛的庙会活动：“有售卖物品之摊肆，然亦并不十分热闹，只有各种粗鄙食品及下等儿童玩具，与一切江湖派之药品而已，上级社会之男女及风雅之人士亦从无之该庙游览者云。”

慈善寺（来源：北京市石景山区文化和旅游局）

在《芬陀利馆藁》游记篇中对慈善寺魔王和尚也有过考证：

由山麓北行五里许，侧迳窈窕，历蹬而登，至天太山佛慈善寺，寺本非巨刹，亦非名，山自清康熙初，有疯僧隐居荒山，苦修梵行，敕赐号为魔王和尚。康熙四十九年坐化，僧众供奉肉身，香火日盛。瞻礼者见其隆准匿犀，秀眉丰角，与顺治皇帝同相，传为顺治真身。盖俗传顺治十八年，实有削发为僧之事。寺僧宏建殿阁，涂□丹黄，遂日见璀璨。乾隆时，一等忠勇公福隆安于壬寅元夜，梦见魔王，示以佛偈八句，谛听奉持，即愈宿疾。有乾隆四十七年碑文，今魔王真身，仍供奉于寺后崇阁，上悬传灯初地，普济群黎御笔匾额，阁前有大佛殿、三皇殿、关帝殿、财神殿；山门之内，有卧佛殿、接引殿、水连洞、玄坛殿、王母殿、弥勒殿、地王殿、火神殿、真武殿，寺左山际，有玉皇阁龙神、山神殿，碧瓦接汉，朱栏宿云，乃为清静之只园，洵属山川之宝界。方丈玉宗上人，留余与秋士坐憩阁西之客堂。堂外有石几石凳，可以凭眺，俯视万丈之下，村炊烟火，几如蛇蚓嘘气矣。是时夕阳在山，远流彩翠，与危栋遂宇，金碧辉映，如遊金台紫馆，未必有此庄严胜景。

魔王身份的谜团并未彻底解开，但这并不影响慈善寺在民众中的影响。此外，慈善寺在清末及民国年间曾经修缮过很多次，其中盂兰殿、山门围墙于同治七年（1868）修缮，伏魔殿、古佛楼于同治八年（1869）修缮，地藏殿、达摩股于同治九年（1870）修缮，下院神州庙于同治九年（1870）修缮，大悲殿、韦驮殿于同治十年（1871）修缮，药王殿、西客堂于光绪二年（1876）修缮，玉皇阁旗杆于光绪三年（1877）修缮，古佛塔于光绪五年（1879）修缮，龙王殿于光绪七年（1881）修缮，玄坛于光绪八年（1882）修缮。

据民国三十四年（1945）《重修魔王殿碑记》的碑刻记载：“京西天台山慈善寺者，清初之古刹也，供奉燃灯古佛，俗称魔王老爷……例于每年三月之望，为古佛成道之期，远近村民，绅商学界、善男信女，焚香顶礼者络绎于途，感灵祈福者争先恐后……诚为一方香火极盛之寺也。”慈善寺的历次修缮碑刻也刊刻着众多香士的捐资情况。在此次重修魔王殿的工程中，即有附近众多善士的参与，“1944—1945 年，恰经白维展、艾芝亭暨煤业各组商行诸善士，济施大宗巨款，始将佛楼、大悲坛、配后群房共二十六间。”其各方捐资名录如下：

白维展先生，助洋拾五万元。门头沟统制收买人组合，助洋二万元。北三门贩卖公司，助洋两万元。朝阳门贩卖公司，助洋一万五千元。南城贩卖公司，助洋八千元。广安门贩卖公司，助洋八千元。西直门贮炭厂，助洋两万元。前门贮炭厂，助洋两万元。李忠杰先生，助洋两万元。兴隆煤栈、同兴德总号、兴隆煤栈、天津贩卖组合、义和银号，以上五家各助洋一万元。安元栈、亨兴厚、永丰栈、广兴栈、广盛隆、隆记栈、义记栈、福大煤窑、日丰公司、九昌煤栈任松年，以上十家各助洋六千元。赵小峰、何荣生、佟翰臣，各助洋五千元。杨少坡、久大煤栈、成兴顺煤栈、李作新、刘石卿、陈国栋、义泰兴，以上七家各助洋五千元。积兴公栈、昆玉栈、裕兴栈、久恒栈、同成栈、宝德栈、义泉涌、成兴顺、达平栈、乔亨芝、高川秀雄、乔沛然、苏海亭、杜澄宇、杨绍寅、吕席珍、及仲麟、孙霭祥，以上十八家各助洋四千元。徐聘三、陈国栋、王瑞廷、郭旭初、包钟铨、陈品三、薛华线、钱少亭、纪兆年、钱龙泉、何宜之、绳维庚，以上十二家各助洋二千元。李云友、李叔园、谷明山、陈星斋、王梦港、高润秋、郝振周、李济民、胡介青、徐伯荫、洪士涛、王子明、万绍泉、张光余、德义煤栈、源盛煤栈、德隆煤栈、泰昱煤栈、德顺煤栈、兴华煤栈、裕正煤栈、永大煤栈、裕和煤栈、信义煤栈、太平煤栈、鼎昌煤栈、福中煤栈、天佑煤栈、同合记、四合兴、大盛德、成兴顺、公兴成、德丰恒、同源永、德丰元、怡记栈、于瑞泉、王维贤、殷文泽，以上四十家各助洋一千元。

此外，慈善寺的影响范围，从附近村庄参与帮工助款的题名也可进一步研究，其涉及区域包括三家店、五里坨、广宁坟、模式口、龙恩寺、琉璃局、门头沟、西辛房、北辛安、善化寺、黑石透、一片石、板凳沟、双泉寺、四平台、福田寺、南辛庄、北辛庄、挂甲塔、佟家坟、四王府，南辛村、北辛村、门头村、朝房村、河西车站、三家店车站、坛峪、秀府、老店、石府、麻峪、庞村、灰峪、聚山、黑塔村，以上一共 36 处，不过，碑后记载“以上之村帮工助款，热心协力，奈因此碑限于地位，其余接续匾方续录”可知，以上远非所有参与名录。

1937 年冬天，因“本僧众应佛事，庙役上香，粗心不慎”引起火灾，古佛楼十间，古佛楼东西配房六间及大悲殿后东西配殿，转瞬之间付之一炬。据称古佛楼被焚而古佛楼中供奉的“魔王肉体尚存”，这引起“群情骇异……咸啧称奇”。1938 年，宛平乡立学校校长王喆臣、乡绅艾芝亭和寺住持僧永安等商量重建。王喆臣，石景山五里坨人，是京西著名的煤炭商人，在京开办的煤铺多达几十处，其中坐落在哈德门外茶食胡同 92 号的“天泰煤铺”就是以天泰山命名。王先生平生好佛，在京西还曾开办一家有名的“广隆香厂”。到天泰山慈善寺、小青山娘娘庙、潭柘寺、戒台寺等进山拜佛的信男善女大多从广隆香厂请香。

第二节　香道茶棚

妙峰山（妙高峰）传统庙会，分别在每年的农历四月初一至十五，以及七月二十五至八月初一，举办春香和秋香各一次，以春香为最盛。历史时期的妙峰山庙会，是以民间信仰为主要内容的综合性民间传统文化活动，香客达数十万，共有300余档香会为庙会义务服务。清末富察敦崇在《燕京岁时记》中记载："人烟辐辏，车马喧阗。夜间灯火之繁，灿如列宿，以各路之人计之，共约有数十万，以金钱计之，亦约有数十万，香火之盛，实可甲于天下矣。"香会期间的活动以祭祀佛、道、儒和民间吉祥神，祈福禳灾、求子嗣、祛病痛、吉祥平安等为主。庙会活动区域分娘娘庙和香道茶棚两部分。娘娘庙建在山顶，分为灵官殿、惠济祠、回香阁、玉皇顶等院落。茶棚，作为香会活动的重要内容，蕴含着丰富的民俗文化。

香会期间，北京城里及外地的香会、香客，大多从德胜门、西直门、阜成门、西便门、广安门出城前往妙峰山。一出城门即有茶棚，沿南北两路直到妙峰山下，数里一座，连绵不断。当时共有六条香道上山，香道上沿途三里一座茶棚，直到山顶，山上山下约计百座。茶棚分为松枝茶棚、芦席茶棚、砖瓦茶棚和利用神庙寺观建的茶棚。最高等级的是利用琉璃瓦建造的"万缘同善茶棚"。茶棚被视为娘娘行宫，设有娘娘神驾，香会经过时要打知、焚祀、献艺等一系列活动。香客中如有去妙峰山有困难者，可在规定的茶棚遥祭，也代表了对娘娘的虔诚之心，称为"顺香"。茶棚一般备有食宿和茶水，为香会、香客免费服务。

妙峰山香会（来源：首都图书馆“北京记忆”网站）

茶棚是妙峰山庙会活动的重要构成。据让廉《京都风俗志》记述：“由德胜门外池西，松林闸东，搭盖茶棚，以达山上。曲折百余里，沿途茶棚，凡十数处，其棚内供奉神像、悬挂旗幡、花红绫彩，外列牌棍旄钺。昼则施茶，夜则施粥，以备往来香客之饮。灯烛香火，日夜不休。助善人等于焚香献供之时，或八人，或六人、四人，皆手提长绳大锣，约重数十斤，以小棒击之，其言如钟，声闻远近。在神前起站跪拜，便捷自若。其式同仪，其言同节，亦彼之小技也。至于施粥茶之际，数人同声高唱：‘虔诚太们，落座喝粥’等辞，与钟磬之声远闻数里，以令香客知所憩息，而香客多有裹粮登山，不但粥茶憩息得所，及遇风雨，亦资休避。”茶棚一般都搭盖了席棚，内供奉碧霞元君的画像或者塑像，谓之“娘娘驾”，所以茶棚也有“娘娘行宫”的称谓。

磨石口是妙峰山香道的途经地点，是香会茶棚的一个重要站点。最初在光绪三十二年（1906）刊印的《燕京岁时记》中对妙峰山香道的记载，提到南、中、北三道："进香之路日辟日多。曰南道者，三家店也。曰中道者，大觉寺也。曰北道者，北安合也。"其中并没有提到模式口香道及茶棚设置情况。

香会的路线，实际上也诠释了京西古道功能的另一种含义。在1925年，顾颉刚对妙峰山香会的组织运行状况进行了系统调查，并撰有《妙峰山香会》报告，据其所言，三家店以南模式口等地的茶棚的发现，是对顾氏之前认知的重要修正。文中写道："我们归途，从三家店而南，过五里陀，磨石口等村，亦均见有茶棚，可见南道的茶棚不是到三家店即终止的。据轿夫所说，南道有十站，中道有五站，北道有十站，中北道有六站，确定的茶棚已有三十一个，何况此外更有添出的呢。依我想来，至少五十个是可以有的。"显然，模式口是位于香会南道的三家店至香山一线，根据访谈整理的线路是：自三家店开始，从五里坨—高井—磨石口—黄村—夏庄—嘉庆寺—杏石口—魏家村—门头村—红山口—蓝旗营，前后共约五十里。[1]

此外，模式口附近的蟠龙山也有兴盛的香会活动，在模式口村曾立有《蟠龙山进香碑》，碑文中记载了蟠龙山的地理形胜及香会情形。《燕京岁时记》记载：天台山在京西磨石口，车马可通，即翠微山之后山也。每岁三月十八日开庙，香火甚繁。天泰山下的满井茶棚，是重要的民间香会遗址。由一片石西行，即满井村，村中有关帝庙，庙前原有一泉，当时不涸不溢，故以满井称之。满井位于天泰山香道旁，到妙峰山、慈善寺进香的善男信女，都需要路过此地，久之就将关帝庙成为满井茶棚，又称为西茶棚。民国民俗学者奉宽在《妙峰山琐记》中提到西茶棚，称其为"一片石满井同集茶棚"。北京档案馆编写的《北京寺庙历史资料》记载："关帝庙坐落西郊五分署满井村二号，建于

[1] 顾颉刚：《妙峰山的香会》（下之一），《京报》副刊，1925年6月6日。

同治六年，属公建。本庙面积南北十七丈，东西十里，房殿十八间。管理及使用状况为合村公建，由其看管。庙内法物有泥像十二尊，瓦香炉三个，蜡扦六支，花瓶一对，花筒三对，铁磬一口，铁香鼎一个，供桌三张，五供一桌，另庙外有井一眼，槐柳树各一棵。”

现今模式口地区还保留着与妙峰山“朝顶进香”有关的众多民俗，形成了以“香道”“香会”“香客”为核心的地方特色民俗文化，这也是京西地区非常有代表性的文化构成之一。

第三节 窑神祭礼

永定河流域的产煤区将“窑神爷”作为他们的行业保护神，只不过不同地区的窑神原型则各不相同。对于窑神的祭拜方式，既有专门的窑神庙，也有附于佛寺、道观中的窑神殿，如王村月岩寺、大寒岭毗卢寺、禅房村秀峰庵、木城涧玉皇庙等；还有的供奉在村口的过街楼上。最常见的是每座煤窑窑口上方的窑神龛。开窑时打好了窑口，先修窑神龛，供奉窑神像。窑神像两边贴上“乌金墨玉”“石火观恒”之类吉祥语辞，以祈求窑神保佑平安。

手工业时代的采煤过程艰苦且危险，采煤人徒手使用锤子凿开穴道，然后点燃篝火裸身爬入。犹如蛇行鼠伏，往往需要爬至深入数十里始得之，然后背负煤块再爬出来。窑洞隐患重重，如果一旦遇到塌方，采煤工随即殒命于中。即使能出来的，也是全身“憔悴无复人形”。乾隆十六年（1751），周长发作诗描绘当时煤矿工人的境况：“煤黑子，煤窑住。车载骡驮九陌去，以脂沥釜多豪户。那识无薪甑尘苦，危崖飞石荦确多。深山采凿行逶迤，洞黑无灯奈若何。焰腾如炬质如铁，朝饔夕飧然不辍。一身若漆腰将折，为世传薪呼作鬼。即沦涂炭何须洗，犹胜昏暮归摇尾。”乾隆十八年（1753）王鸣盛也有诗述说煤工的辛苦：“小车轧轧黄尘下，云是西山采煤者。天寒日暮采不休，面目黧黑泥没踝。南人用薪劳担肩，北人用煤煤更难。长安城中几万户，朱门金盘酒肉腐。吁嗟！谁怜采煤苦？”

不过，因煤炭燃烧便利，价值很高，市场需求也广阔，所以即使采煤十分辛苦危险，因煤炭比柴薪更好用，所以人们对于煤炭的需求更为广泛，当地乡民也多从事此业。在千百年的采煤历史中，采煤工及其相关行业圈里逐渐形成了一整套具有独特行业特征的文化传统和习俗，主要包括：祭祀窑神，行业性的九龙山庙会活动，矿（窑）工及其家属的行规、行话、民谚和禁忌等，并长期以来渗透到石景山等矿区人们的生活之中，构成了当地独具特色的地域文化。

从明代开始，京西矿区都要进行隆重的窑神祭拜活动，有窑神生日祭、开窑祭、复工祭、节日祭和日常祭祀等。其中又以窑神生日祭最为隆重。传说农历腊月十七是窑神爷的生日。这一天各窑窑主、煤厂老板齐聚窑神庙，由煤业公会主持祭祀窑神，三牲供品，行三拜九叩之礼。大家也会利用这个机会聚会共饮，也可借此商谈公事，协调关系，化解矛盾。在这几日，周边乡民也会一起参与其中，热闹、喜庆的气氛胜过春节。

窑神祭祀与元宵节结合起来，是京西矿区特色之一。每年正月十五至十七，其盛况不亚于窑神生日祭。特别之处在于，其间有“旺火堆”习俗：由窑主出煤，在窑场和街口用上好的煤块垒成下大上小的金字塔形煤堆，点燃后持续燃烧三四天，大家围着火堆唱歌、跳舞，祈祷生活像火一样旺腾。一到腊月十七日（河北、山西、房山等地是腊月十八日），各窑主都在窑台贴上神码（即窑神像），两边贴上“乌金墨玉”“石火观恒”之类的吉祥语辞。又在窑口放一供桌，摆上整鸡、整猪作供品。大放鞭炮，此起彼伏。有的窑主在窑上大摆宴席，招待前去恭贺的宾客。

对于我国传统的元宵节，被称为“台火闹元宵”。在正月十三、十四日，由窑主出煤或村民凑煤，大家合力用石头垒一座火台，上面高高地堆起大煤块，人们聚集在热气腾腾的火台旁取暖聊天，小孩子们则在火台周围玩游戏，一直持续三四天。再如，京西盛行“祭窑神”。“窑神”又称“窑王爷”，相传原是一位走窑的人，人称“魏老爷”。他膀大腰圆，身高体壮，性格豪爽，好义乐施，这里广泛流传着“魏老爷倒提钱串，一路散钱”的说法，煤窑业都把他视为保护神。窑主希望保佑产业兴旺，窑工祈求保护平安。正月十五日是对窑神爷的一次大祭，从十五日至十七日，一连三天，由煤业公会出面，在窑神庙祭祀窑神。同时请戏班子在大戏楼唱戏三天，附近各村民间花会齐聚窑神庙表演。白天走会，晚上唱戏和闹花灯。把祭窑神与过元宵节结合起来，反映了煤矿文化的特色。

还有很多的庙会活动，都与采煤行业相关。比如久负盛名的九龙山庙会，历史上是京郊最大的行业性庙会，主要由煤窑业主办。九龙山是主要产煤区，新中国成立前大小煤窑有上千座。山上寺庙供奉有九天玄女娘娘，是煤炭行业的保护神，备受窑主、窑工、煤商们的尊崇。每到农历五月初一和九月初一，数十档民间花会一起出动，载歌载舞，走十几里山路上山朝奉。附近数十里各村的窑工和农民也分走四条香道上山，在娘娘庙举行盛大的祭神仪式，规模之大，享誉京城，这些习俗无不体现着煤业文化的特色。除了祭祀文化，永定河流域煤矿产区还流行着相似的行规、行话、民谚和禁忌。一般来说，矿工们下井前要先聚集在窑口外抽支烟、晒会儿太阳；他们喜欢用一条红色的棉“腰子”围在腰上用来避邪防寒；此外，由于老鼠具有安全提示作用，矿工们在煤窑中都要善待老鼠，不许哄打；忌讳在窑场内外出现桑木（因“桑”与“丧”谐音）；在窑内不准出怪声和吹口哨（代表哭声），下井前不准吃大蒜等。行业性的禁忌来源于人们对于自然的敬畏，人与自然的和谐共处才能够表达对于生命的敬畏和尊重。

“一入窑场抬头观，观见三座好宝山，左金山，右银山，当中一座好煤山。”元明清以来，西山地区丰厚的煤炭资源，经过勤苦的矿工采掘，源源不断地运送到京城中，支撑着这座庞大的消费城市的日用所需。随着时间的推移，这份来自大自然的馈赠，不仅养育着燕山脚下这座特殊的城市，更深刻地浸润到本地深厚的历史文脉当中。

第四节　多彩非遗

京西古村落民俗文化丰富多彩，自清代以来民间就有舞中幡、踩高跷、跑旱船、山梆子戏、秧歌戏、天仙会、灯会等民俗文化。遍布古村落的山梆子戏、秧歌戏、蹦蹦戏、皮影戏等地方戏种历史悠久，极具地方特色。根植于民间土壤中的民俗记忆和传统，世代相传，厚植于京西地区的民俗文化，生生不息。

一、太平鼓

太平鼓是京西地区乃至北京地域文化中颇具特色的民间舞蹈艺术形式。2008 年 6 月，石景山太平鼓被列入国家级非物质文化遗产保护名录。太平鼓属于捶击膜鸣乐器，用鼓槌敲击鼓面发出声响，表演时伴以各种舞蹈身段，进而衍生出多种变化并形成若干套路相对固定的曲子，因大多在农闲季节，尤其是春节前后演奏以祈求太平而得名。

从太平鼓流行地域而来，主要以北方区域为主，包括北京、河北、山西、内蒙古、陕西、甘肃、青海、宁夏、安徽、辽宁、吉林、黑龙江等地，显示了多源并起的特点。就其形制而言，以单面蒙皮的称为“单皮鼓”，此类鼓呈团扇形或桃形、圆形，鼓面覆以马、驴、羊皮或多层高丽纸，铁制的鼓框缀以绒球，鼓柄下端打成环中套环之形，舞动起来哗哗作响，“京西太平鼓”就属于这种类型。舞者抖动铁环，腾扭跳跃，边舞边打。太平鼓既可以单独表演，也可以是三五为伍的集体舞蹈。类似的手持带柄扇形鼓，在中原汉画像砖上业已出现，而北方游牧民族萨满手持的单面皮鼓，则可看作太平鼓的原型。[1]

太平鼓自明代起在北京流传，清初京城内外太平鼓极为盛行。值得注意的是，明代太平鼓在京城的传播，主要还是在城内，万历年间倪启祚、王应遴、汪邦柱都曾赋诗描写北京灯市或除夕前后的太平鼓表演。如倪启祚《灯市篇》称："儿孩跃跃鼓太平，挝鼓喧阗无剩隙。"王应遴在《长安灯市》中写道："跳索迷藏拽伴游，太平鼓打闹街头。"汪邦柱则在《京师庚午除夕》中记载崇祯三年（1630）除夕街市景象，其中有"守岁家筵多旅客，太平街鼓半儿孩"的诗句。稍晚的还有杨补《长安迎年鼓曲》中描写"迎年鼓"也就是"太平鼓"的形制与表演方式："团鼓团鼓春月净，索络连钱铁轮柄。粲粲儿女手腕轻，一槌两槌臂为政。意中有曲无知之，抖肩掂踵不自持"等，对于当时太平鼓者的表扬方式和情景描写得十分生动。崇祯年间的《帝京景物略》记载了从正月初八到十八东华门灯市上，太平鼓也是民众重要的节日内容。其中写道："童子挝鼓，傍夕向晓，曰太平鼓""击太平鼓无昏晓"。从史料来看，明代太平鼓表演的日期主要以春节和正月十五的灯节为主，而当时太平鼓还是以作为节日期间儿童的游戏活动为主。

清朝定都北京之后，太平鼓作为民间重要的游艺内容仍旧传承了下来。乾隆年间的多种诗文描绘了北京击鼓迎春的热闹景象。在潘荣陛笔下，"击太平神鼓"是上元佳节不可胜计的百戏之一。汪启淑写道："内外城皆尚击太平鼓。盖以铁条作腔，糊茧纸，用箸击之。缀铁连钱，随击随摇，铮铮有声。新岁尤甚，在处闻咚咚。故海宁查慎行《凤城新年词》云：'茧纸轻敲作鼓声，衔环络索铁铮铮。踏歌连臂同儿戏，何限年光付送迎。'"从明清文献记载来看，当时在京城内流传的太平鼓，主要还是以稚儿庆祝新年的民俗活动，宗教元素并

[1] 包世轩：《京西太平鼓》，北京，北京美术摄影出版社，2016 年。

不是主要内容。特别是在彭蕴章《幽州土风吟十八首·太平鼓》中的记载，鼓声是儿童跳绳游戏的伴奏："太平鼓，声咚咚，白光如轮舞索童。一童舞索一童唱，一童跳入光轮中。"

清中后期后，太平鼓的流行范围进一步扩大，演出时间也不再局限在春节前后。光绪年间富察敦崇记载的京师"儿童玩好"一条当中，明确记载"太平鼓者，系铁圈之上蒙以驴皮，形如团扇，柄下缀以铁环，儿童三五成群，以藤杖击之，鼓声咚咚然，环声铮铮然，上下相应，即所谓迎年之鼓也。"特别对于时间的记载，写道"今自十月即有之，不必在元夕矣"。清中后期后，当时京城甚至出现了借太平鼓以裹挟妇女的社会案件，成了当时严重的社会治安隐患，这也是清中期开始太平鼓从城市走向西郊的重要原因。在《清稗类钞》中有详细记载："京师有太平鼓之戏，铁条为廓，蒙以皮，有长柄，柄末缀铁环十数，且击且摇，环声与鼓声相应。其小者，如盌如镜，为孩提玩物，更有大如十石瓮者。群不逞聚而击诸市，所至鼓声、环声、喧笑声、哄闹声，耳为之震。道光时，有结为太平鼓会者，聚百数十人，著大羊皮袍，遇粲者，则群以袍围之，裹而奔。妇女号，别众鼓齐鸣，市人无闻者，远近失妇女无数。抵暮，则挟至城根无人处，迭淫焉，往往至死。其幸生还者，又畏羞不敢告人。御史某知其害，奏禁之，复拘为首者数人，斩以徇，而太平鼓之风遂息。"[1]

民国年间，太平鼓主要流行于京城郊区地域，1892 年《申报》刊载《通州琐闻》，记载："时届岁暮，赶年季之小经纪琉璃、喇叭、太平鼓、画册均上市出售，杂货铺内爆竹积累，如山神纸贴挂满壁，转瞬新年市面更当繁盛也。"京西地区也成为太平鼓流传的主要地域。

击打太平鼓象征着"太平安乐"，这一活动在每年的腊月和正月最为活跃，当地百姓们击打太平鼓是对太平盛世和国泰民安的期盼。随着太平鼓的不断流

[1] 徐珂：《清稗类钞》《太平鼓戏》，中华书局 2010 年，第 15067 页。

行兴盛，很快成为京西老百姓自娱自乐、集体传承的一种民间舞蹈形式。打太平鼓不仅可以烘托节日气氛，在某种程度上也可以折射出北京地区的节庆习俗。进入现代后，每逢农历腊月和正月，京西百姓会敲起太平鼓，载歌载舞，以求“太平”之意。京西太平鼓表演者一般是打一遍鼓，唱一遍词，称为“唱绳儿”“绳歌儿”。唱曲多为民间小调，唱词一般为人物、典故、时令花草以及“大实话”等，具有浓郁的生活气息。例如：

正月里地草花，萌芽出土，有孩儿跑竹马喜笑迎春；
二月里太阳花，朝阳开放，王世充放风筝有影无踪；
三月里桃杏花，纷纷降瑞，有刘备和关张结拜弟兄；
四月里黄瓜花，半盘鸾驾，小唐王游地狱一十八层；
五月里麦子花，磨成白面，孔夫子李老君指向乾坤；
六月里苜蓿花，绿叶相衬，有丁郎扛雨伞寻找父亲；
七月里糜黍花，碾成细米，有杜康造高酒醉倒刘伶；
八月里荞麦花，铃铛相衬，有敬德和白袍跨海征东；
九月里黄韭花，严霜打死，孟姜女想丈夫哭倒长城；
十月里松柏花，唰唰落地，韩湘子提花篮三渡林英；
十一月里大雪花，满天作雾，吕蒙正去赶斋永去无回；
十二月里灯草花，家家向上，宋太祖送京娘千里同行。

这首《十二月花名》以植物的生长规律和民间传说故事为蓝本，结合太平鼓特有的韵律和民间腔调加以吟唱，融合了地区风俗、文化融合多重要素于其中，构成了地区文脉传承的重要凭借。

鼓声阵阵颂太平。太平鼓早在唐宋年间就已经出现，民间用边打鼓边起舞的庆祝方式，表达期盼太平盛世和安稳生活的美好愿望。从最初的祭祀活动，到农民用其祈求风调雨顺，民众们将对于生活的热烈希望寄托于鼓中，把鼓声视为太平的预兆，这种信仰为太平鼓舞的形成奠定了特定的精神基础。如今的太平鼓已经成为国家非物质文化遗产保护项目，热爱传统文化的民间艺人，竭力维持了这门艺术的薪火传承。当现代社会意识到必须保护本民族的文化之根时，以京西为代表的村庄必然会成为“礼失求诸野”的文化渊薮。

二、民间走会

京西的古幡乐闻名遐迩，享有“南有纳西古乐，北有京西幡乐”之称。在千军台村、庄户村一带盛行的民间正月十五的古幡是山区古庙会的产物，以颂神和祭神为主要内容，充满了明清古韵遗风，至今已有几百年的历史，今天已成为村民喜闻乐见的娱乐形式，形成了京西独特的民间风俗。各种民间花会表演有几十档，如中幡、跑旱船、少林会、转灯会等。

古城村的民间走会活动很有名气。历史上较早的是“秉心会”，后来又有了石锁会、太平秧歌会、狮子会。清末时，每年要踩街、扬香，走妙峰山朝顶。花会有严密的组织机构，有“会头”，也叫“都管”，一般是由德高望重、艺术精湛的人担任。会头下设把儿头，又叫“管事”或“搭箱”，各负责一路。再下边是玩角儿，即演员。花会还有自己的会规，要定期活动。会费，新中国成立前是村民自筹，新中国成立后是村集体支付。

古城村花会有高跷秧歌舞、狮子舞、钱粮筐、石锁、舞龙、跑驴、杂技、太平鼓、灯艺等。如高跷秧歌，保留了数百年来的传统表演特色，即表演时要求演员双脚踩在数尺高的木棍上表演，其中跷技有 11 种，人物形象上为 12 个角色，有群唱、对唱、单唱。石锁会始建于清末光绪年间，全称是“公议石锁”，为古城村的花会三大会档之一。石锁会有文武之分，文场以八套鼓伴奏助威，武场是石锁的武功艺术表演，十分精彩。

除庙会和花会活动外，西山地区的众多民间文艺活动，也呈现出多种形式在时间与空间上交相辉映的特点。关于非物质文化遗产的调查研究证实，流传久远的山子戏、秧歌戏、北派皮影戏、蹦蹦戏等民间戏曲，保留了很多古老的民族特色和历史风貌；明代祭祀孔子的古幡乐，堪称古代音乐的“活化石”；古朴大气的民间舞蹈太平鼓，表现出独特鲜明的地域色彩。这些内容丰富、形式多样的民间艺术，具有颇为厚重的文化积淀，十分典型地反映了不同历史时期各民族多种文化元素对西山地域文化的熔铸过程。此外，诸如梆子戏、蹦蹦戏、皮影戏等历史上流行于北方地区的剧种，都在西山地区得以相对原汁原味地保存了下来。地域上的相对封闭性滞缓了当地经济发展的步伐，却成为使区域文化不间断传承延续的必要条件，这也是在现代化进程急遽发展背景下的另一种补偿。

三、民间传说

2009 年，内涵丰富的模式口地区的传说作为本地区重要的民间文学形式，进入北京市市级非物质文化遗产保护名录。在数千年的历史发展进程中，模式口从地区生活、交通往来、商业贸易、文化交流、宗教民俗等方面，形成了众多口耳相传的传说和民间故事，构成了独特的京西古镇的历史文脉，也寄托着祖辈生长繁衍的乡愁记忆。

据模式口传说研究者整理，本地区的传说主要包括以下几大类别：

（1）模式口村西有古隘口，从磨石口村西下一个非常大的陡坡，驼铃古道延伸向西山；磨石口位于小西山层峦叠嶂的山峦之间，故部分传说与古道和山川相关。

（2）模式口村地处京西，位于小西山，翠微山之南，与八大处、香山等京西名胜近在咫尺，是皇家郊游、打猎之地，故部分传说与皇家文化有关。

（3）模式口是永定河故道流经之地，临近永定河，磨石口村紧邻戾陵堰和新中国成立后的水利工程之地，故部分传说与河流相关。

（4）京西小西山一带寺庙林立，许多寺庙为宦官集资所修建，加之寺庙内建筑或器物是宦官出资或住持制造，故部分传说与宦官群体有关。

（5）模式口村是驼队出城后往西必经之地，穿行在西山的驼铃古道，将西山与河北、山西、内蒙古贯通，故部分传说与驼铃古道相关。

（6）磨石口村西隘口，拥有险要的军事地理位置，设有千总驻守，故部分传说与其军事驻防相关。

（7）民众生产生活是民间传说的基本内容，模式口村流传着诸多反映不同时期民众生活的传说。

（8）模式口村寺观林立，有闻名世界的法海寺、神秘的承恩寺，还有反映明代宫廷政治与文化的宦官墓葬群等，故部分传说与寺庙文化相关。

（9）京西民间有“一溜边山府，七十二座坟”的说法，模式口正处于本区域，墓葬历史文化丰富，故部分传说与此相关。

目前经过整理后的模式口传说，主要分为山川河流、名胜古迹、人物以及地方传说。其中关于模式口古镇域内的山川、庙宇、古道以及名人等相关内容最多。这些民间传说和故事，为我们今天研究模式口古镇的历史提供了思路和参考，更是作为地方的文脉和精神气质，构成了模式口独特的文化格局与特征。

第一，模式口传说中关于瀔水的传说、翠微山的来历、蟠龙山的传说等，涉及模式口古镇的古人类起源、生长的地理环境和周边交通等因素，为对模式口地区的历史起源及其地区发展的影响要素的观察提供了重要史料来源。

第二，模式口除了拥有国家级文保单位法海寺和承恩寺外，还有众多市级和区级文保单位，如龙泉寺、老爷庙、关帝庙、老君庙、苏武庙、山神庙等寺观，现在很多寺庙基址在长期的风雨侵蚀中已经不复存在，而丰富的民间传说故事则为世人留下了珍贵的可资循迹的历史线索。

第三，模式口内涵丰富的民间传说，深刻反映了当地民众崇德向善、乐善好施的精神和信仰。如白狐报恩、仙人捉妖、白龙父子、蛤蟆精、蟠龙山树神等志怪类的传说，不仅反映了民众对山神的敬畏，也体现了人与动物和谐共处的精神理念。

第四，大量名人与模式口地区留下了交往的传说，帝王将相、商人行旅等，均在模式口地区留下了众多优美的民间传说。如药王孙思邈的传说、金章宗磨石口暗访、刘靖筑戾陵堰、万历皇帝游仙山、顺治慈善寺出家、康熙磨石口骑骆驼、乾隆买磨刀石等，借助于当地相关的史迹遗存、碑刻资料，研究观察历史时期模式口的交通路线、商业辐射、交往半径等相关问题，可进一步探讨历史时期模式口在区域史、国家史视域下的历史地位及地区发展脉络。

第五，民间传说中对模式口古镇独具特色的民俗技艺、民间信仰的记载，构成了模式口古镇极具地方特色、丰富典型的文脉结构。如窑神传说、宝三磨石口要中幡等，是鲜明生动、传承有序的地区非物质文化元素。

第六，关于模式口地区生态环境等相关民间传说，是当地民众基于本地区独特的地理区位和特色，而形成的自身所特有的地理认知。此外，模式口传说中还有诸多丰富的关于树神信仰的记载，如夫妻树、蟠龙山树神、翠微山皂角树等，不仅反映了历史时期模式口地区丰沛的森林植被的环境特色，也是地区民众对于自然的敬畏之情。

第七，关于模式口古镇的历史遗迹的相关传说，不仅突出了地方浓郁的文化要素，也是地区自然资源禀赋的直接反映。比如地方文化方面，以石塘为主的石文化、以驼铃古道为核心的京西道路交通文化、以窑神为主体的京西煤炭文化等。

总之，浸润于民间的音乐舞蹈，与当地传统的民俗活动紧密相连。借助于这样一种有仪式感和地方感的活动，地区民众在这种能够直接抒发情感于诉求的舞蹈中，借以祈求福祉、联络乡谊，同时也作为农闲时间的重要休闲活动。在京西地区得以广泛流传的太平鼓、高跷舞和歌谣，是北京地区较具特色的民间活动载体，它们的出现和流传，最初是对于当地生活的理解以及展望，久之成为独特的文脉而得以不断延续。形式多样的各种节日庆典仪式，不仅是一项典型的民俗活动，更是承载着传统时期京西民间社会独具一格的文化记忆。而这些独特的文化表现形式，其内涵在一代代有序传承中不断丰富和完善，逐渐成为地区文化的重要构成而不断得到社会关注。

四、地方庙会

龙泉寺庙会香火在清康熙年间极盛一时。据康熙四十九年（1710）四月初七的《蟠龙山圣母祠记》碑文记载："相传有异征，于是趋之者若骛。当岁之春，孺者妇女，鱼贯于道，咸挟辨香，以邀神庇焉……岁有当供，曾不缺少，今二十余载，可谓勤矣。"寺中有《蟠龙山进香碑记》二通，一通为康熙十九年（1680）四月十三日阖会弟子立，另一通为乾隆三年（1738）五月十五日万松老会立。当时龙泉寺庙会也举办来自北京城内的各种文会、武会，如立于乾隆年间的游山圣会碑、同心圣会碑及蟠龙山子孙胜会碑。这些碑中都提到农历四月十五京西蟠龙山庙会进香的盛况。康熙年间，蟠龙山庙会在北京地区小有名气，直至民国，龙泉寺演变为京西著名的道教进香、拴娃娃、祛病祈福的场所。当时来龙泉寺庙会的人多为祈福、求子、讨药。赶庙会的香客往往向娘娘许福愿、求子嗣后，都会到龙泉边饮用龙泉，念诵藏文六字真言，祈求福寿双全。

第七章　模式文脉

模式口地区的历史源远流长，文化遗产丰富多样，是华夏文明的重要发祥地之一，是北京都城文化的重要组成，是京西文化的典型代表。作为京西古道的重要节点，模式口地区拥有独具特色的史前地质文化、人类遗址文化、军事古堡文化、古道交通文化、古镇商业文化、煤炭工业文化、香道民俗文化、非物质文化遗产等，形成了多样态、多类型、多层次的历史内涵与文脉肌理。

第一节　今日古镇

《北京市推进全国文化中心建设中长期规划（2019年—2035年）》提出“依托三条文化带构建历史文脉和生态环境交融的整体空间结构”，要融会一山一水，彰显西山永定河文化魅力。结合西山、永定河生态环境，构建由重要文化遗产串联的文化脉、生态脉。以重要历史文化资源与自然生态资源分布密集区为主体，打造一批有历史底蕴、有绿水青山、有乡愁记忆的生态文化组团，凸显其作为北京文明之源、历史之根的宝贵价值。2021年，北京市“十四五”时期文化和旅游发展规划提出，要“充分利用首都古今荟萃、海纳百川、博采众长、兼容并包的文化资源优势，构建“一核一轴、四极四带、多板块”的文化旅游空间格局”，其中“四带”是指大运河文化旅游休闲带、长城文化旅游休闲带、西山永定河文化旅游休闲带、京张体育文化旅游带。规划要求要推进“大运河文化核心游憩体验带”建设，擦亮世界公认的国家文化符号。建设好长城国家文化公园（北京段），打造国家级标志性工程，建设长城自然生态景观带。依托三山五园地区建设成为国家历史文化传承典范地区和国际交往活动重要承载地，在京西南打造凸显北京文明之源、历史之根的文化旅游带。按照“体育+文化旅游”模式，加快建设京张体育文化旅游带，推动人民群众共享奥运红利，为京津冀协同发展注入新内涵。

为推进石景山区文化和旅游高质量发展，在充分调研和论证的基础上，构筑了“一轴一带两核三组团”的文旅发展新格局。“一轴”是长安街西延线黄金发展轴。“一带”即西山永定河文化带，目标是加快西山永定河文化带石景山段建设，推进八大处公园—模式口—天泰山一线及周边区域生态文化和旅游发展，永定河沿线及周边区域文化和旅游发展。“两核”是围绕新首钢工业及冬奥文化传承发展核、八大处—模式口传统历史文化传承发展核，引入创意文化产业，建设以首钢工业遗存保护利用为特色的国际文化体育创意旅游区，培育品牌化的冰雪体育产业和群众体育活动，促进后工业文化旅游创意产业发展；推进八大处基础设施和模式口区域综合整治工作。“三组团”是发挥东部娱乐休闲组团、中部文化休闲组团及西部生态休闲组团三个组团作用，以石景山游乐园、文化演艺、运动康体等为主要内容的现代都市娱乐产品；提升首钢工业文化、模式口历史文化、八大处传统文化影响力，强化文化交流、科技创新、国际交往等功能；构建天泰山、五里坨等景区景点的联动发展格局。

一、实施模式口街区整体保护工程

2002 年 10 月 16 日，模式口作为北京市政府公布的第二批历史文化保护区（京政发 [2002] 27 号文），东西长 1500 米，南北宽 200 米。街区内现存 37 处保护比较完整的传统四合院，4 座过街楼遗址，文保单位有法海寺、承恩寺、田义墓（含慈祥庵）、冰川馆等。另外，周边还有植树碑、永济寺、万泉寺遗址等众多文物古迹。

模式口东古墙（来源：北京市石景山区文化和旅游局）

2016 年启动模式口历史文化街区修缮改造，现已实现架空线入地整治、沿街房屋外立面修缮，开放了模式口公园，街区风貌得到显著提升。首批改造完成的 3 个重点民俗院落分别为 199 号院、200 号院、223 号院，其中 199 号院、200 号院就在过街楼遗址的对面，地处整条大街的中心地带。院落外部与整条大街风格统一，青砖灰瓦、古色古香，但是内部却别有洞天、各具特色。

目前，模式口历史文化街区与进山古道形成完整的京西古道体系，成为西山永定河文化带上的标志性文化符号。2021 年 9 月，石景山区模式口历史文化街区开街，“模式口历史文化街区开街，再现千年驼铃古道”成功入选“2021 年度北京历史文化名城保护十大看点”。历时六年修缮改造与保护更新，模式口历史文化街区重新亮相，同步实现了文物保护、民生改善、业态提升，为西山永定河文化带增添标志性文化符号，也为多元主体共同参与历史文化街区保护更新提供了生动样例。

修缮后的模式口大街（来源：北京市石景山区文化和旅游局）

二、实施重点文物整体保护修缮，推动文化传承发展

2021—2023年，石景山区文化和旅游局重点对模式口历史文化保护区内的文物建筑进行了修缮，并对中国第四纪冰川遗迹陈列馆、石景山区石刻文物园、北京燕京八绝博物馆等展览陈列项目进行改造提升，先后完成龙泉寺修缮工程、承恩寺修缮工程、史履晋后院毛石护坡护墙工程、法海寺西院墙消防通道改造工程、法海寺四角亭修缮及碑刻保护工程、模式口西老爷庙东耳殿修缮工程、田义墓石质文物数字化保护工程等二十多个项目，有效保护了模式口历史文化街区内的文物，丰富了博物馆展陈内容，提升了博物馆展览展陈质量。

为保护好法海寺壁画，从2020年开始，法海寺启动为期五年的法海寺壁画监测项目，项目内容主要是进行大雄宝殿建筑本体现场拍摄、壁画高精度三维激光扫描和壁画近景摄影测量等工作。此外，推进法海寺藏龙钮铜钟钟壁铭文研究，目前完成了钟壁铭文的数据采集、建模、研究和报告编制。

雪后的法海寺大雄宝殿和白皮松（来源：北京市石景山区文化和旅游局）

2022 年石景山区文化和旅游局申请国家文物保护专项资金对北京燕京八绝博物馆、石景山区石刻文物园进行基础设施配套建设，完善园内售票、安检等系统，满足其对外开放、安检售票、展览展示等使用需求。

三、实施文物活化利用，传统文化焕发时代魅力

2021 年 9 月 29 日，历经六年改造的模式口历史文化街区正式开街，“五景七院三十铺”集体亮相。模式口大街被评为“北京最美街巷”之一。对史履晋别墅、模式口老爷庙、模式口过街楼、模式口东古墙、模式口西古墙、张氏一品夫人墓、永济寺、模式口水电站、李童墓、植树碑等列为石景山区未核定为文物保护单位的不可移动文物，加以保护和利用。

以整体街区保护为重心，重点挖掘模式口文脉要素内涵，并以博物馆及展览展示等方式推进文化传承保护，利用数字技术全景再现法海寺壁画以及打造石景山区石刻文物园，全面推进文物活化利用。

例如，模式口老爷庙始建于明代，后经年代变迁，曾被一家药店占用为库房，因年久失修，整个大殿险些不保。2020 年，老爷庙被更新改造为模式口历史文化民俗陈列馆，取名“古道斯存”。陈列馆院内主要分为五大板块：法海寺展、京西民俗文化展、模式口展、田义墓展、承恩寺展。

模式口历史文化街区作为历史与商业并存的文旅区域，石景山区文化和旅游局积极引导街区内商户统筹用好历史名人文化资源，在模式口历史文化街区 65 号院开办“庆春斋”茶馆，打造老舍主题纪念馆，将老舍的文学作品和庆春斋符号化，开发庆春斋大碗茶系列产品，形成宫廷文化和老北京文化相结合的网红打卡地。

2023 年 1 月 18 日，位于石景山区模式口历史文化街区的法海寺壁画艺术馆开放试营业。法海寺壁画艺术馆位于翠微山山脚下，由原西山翠林茶社改建而成。法海寺壁画代表了明代的最高水平，是中国古代的艺术瑰宝，同时也是

模式口老爷庙屋脊（来源：北京市石景山区文化和旅游局）

北京地区现存历史最悠久、保存最完整的壁画。法海寺壁画艺术馆的建成，让文物壁画动起来、活起来，实现了不可移动文物的数字化，形成了宝贵的数字资产，有助于更多人了解法海寺壁画艺术。

为了更好地保护和宣传石景山区石刻文物，丰富石景山区西山永定河文化带的文化内涵，北京市重点文物保护单位田义墓建设为石景山区石刻文物园，园内展陈区域包括室内展区、散落石刻展区、田义墓展区三个部分，展示石景山区多年来出土和收藏的石刻文物，展示区域历史文化。石景山区石刻文物园于 2020 年 11 月 31 日起正式对游客开放。

四、打造科普教育基地

中国第四纪冰川遗迹陈列馆（以下简称：冰川馆）位于模式口大街北侧。1957 年 10 月 28 日北京市政府公布为第一批文物保护单位。保护范围：四至现状围墙及台地挡土墙约 2000 平方米。

冰川馆切实改进展览方式，充实展出内容，增强展馆的吸引力，引导公众走近科学、热爱科学。同时，冰川馆秉承“请进来，走出去”的办展思想和互动性办展模式，走进学校、深入社区，逐步树立了“流动的博物馆——科普大篷车”“李四光中队—青少年地质勘探队”训练营及“红红火火迎新春冰川馆里过大年”三个极具特色的科普实践活动品牌。1999 年 12 月，被北京市科学技术普及工作联席会议办公室命名为北京市科普教育基地。2000 年 10 月，被北京市政府命名为北京市爱国主义教育基地。2006 年，为了更好地保护冰川擦痕遗迹，区政府对冰川馆实施了改扩建工程，新馆于 2009 年 6 月对外开放。改扩建后的新馆占地面积约 6300 平方米，全馆共分为十个展厅，一个冰川遗迹大厅。2009 年 12 月，被评为全国科普教育基地。

中国第四纪冰川遗迹陈列馆外景（来源：北京市石景山区文化和旅游局）

五、有效保护复建，再现古镇历史风韵

对于部分散见历史遗存，定期登记，确定保护路径。如四柏一孔桥始建于明代，位于模式口大街北 300 米；模式口 76 号院始建于民国，位于模式口大街 76 号，目前均已登记为区级文物保护目录。如植树碑（石刻）始建于民国，位于模式口田义墓北侧 200 米，碑高 1.6 米，保存完好。保护范围：方圆 30 平方米，目前加装护栏，进行原址保护。

此外，对于一些文物状况较差的历史遗址或遗存，在有效保护的前提下，适时进行复建。

永济寺（古遗址）：始建于明代，位于模式口法海寺北侧。又称涌泉寺，三进院落，康熙皇帝曾在此庙宴请僧侣，现仅存殿堂遗迹遗址。遗址西现存张恕住持墓碑一通。保护范围：四至现状围墙遗址约 8000 平方米。保护措施：原址保护，已复建。

龙泉寺（古遗址）：始建于明代，位于模式口法海寺南侧，二进院落。保护范围：四至现状围墙遗址约 2000 平方米。保护措施：原址保护，已修缮。

六、挖掘非遗文化，传承地区文脉

除了珍贵的物质遗存之外，作为地区历史珍贵的文化构成与传承内容，模式口当地还流传着大量的民间技艺和民间传说，经过石景山区文化馆的多年努力，目前均得到了系统搜集和有效传承。磨石口（今名模式口）地理位置独特，抵山靠河，拱卫京西，地险而易守，道辟而货通。三里长的古街道，东去京城，西连煤城和大西北，是元明清三代主要的运煤通道。口外的皮货、药材也源源不断地经过磨石口运入京师，形成著名的“驼铃古道”。磨石口传说内容丰富，有反映帝王将相与磨石口关系的，有反映老百姓生活的，还有名人轶事等。传说情节生动，许多传说与史实相符，具有明显的地域文化和地域地理特点。

由于石景山区旧时为连接京城和塞外的交通枢纽，同时是妙峰山古香道的重要地段，南来北往的文化不断地丰富着石景山太平鼓的表演。太平鼓形如蒲扇，下有鼓柄。鼓形有正圆、扁圆、梯形、八角形多种。鼓圈铁制，鼓面用羊皮蒙制。鼓柄下方有如意环套，缀有数枚铁环。鼓鞭（即鼓槌）用藤棍制成。石景山太平鼓通过节奏的变化，表现出不同的情绪，形成风趣幽默、生活气息浓等不同的风格特色。音乐主要由鼓点和曲调两部分组成。石景山太平鼓主要采用家族式传承的方式，第二为村民们自发学来，第三为婚姻传承。石景山太平鼓为国家级非物质文化遗产，保护单位为石景山区文化馆，传承人为李文学、陈富敏、翟广孝、阮桐、刘玉兴等。

依据不同文物层级、特色、现状，模式口针对境内历史文化遗产状况，既形成了连片成线的整体保护区，也有单独呈现的特色打卡点。同时，针对特色的文旅资源整合和开发，植入既有民俗风情，又有群众口碑的优秀非遗文化展演项目，经过修缮和开发的模式口大街已经成为北京市非常有特色的“网红大街”。相信随着地方文化资源的不断开发、利用，展示手段的丰富多彩，未来的模式口势必会吸引越来越多的游客，走进模式口，发现模式口。

第二节　文脉构成

历史遗存的现状与分布，是揭示一个地区历史文化的主要凭借。石景山全区均属于西山永定河文化带范围。石景山区共 85.74 平方千米，未核定为文物保护单位的不可移动文物及以上的文物共有 113 处，包括国家级文物 3 处、市级 14 处、区级 19 处、未核定为文物保护单位的不可移动文物 74 处、3 个地下埋藏区。文物资源的时间跨度从宋代一直到近代，种类多样。本区还有诸多近现代工业遗迹和红色革命遗址，这些珍贵的历史文化遗迹，不仅揭示了石景山区的地区发展历程和文化脉络，也是当今西山永定河文化带建设的重要资源。[1]

模式口作为石景山区唯一一处重要的历史文化保护区，从历史遗存的数量、文化层级等方面来看，在石景山区有着极为关键的地位。模式口古镇现存文化资源数量众多、类型多样，且拥有很高的文物价值、文化价值。从分类看，从体现史前考古价值的地质文化、古人类文化，到现当代的工业文化、民俗文化，展现了模式口地区的历史连续性和传承性。而不同的文化门类，更在中国传统文化发展中独树一帜，体现了本地区的独特文脉特征以及厚重的历史进程。

具体有以下几项大类：

神秘珍贵的地质考古文化：西山是中国地质科学的摇篮，民国年间开始对

---

[1] 北京市第三次全国不可移动文物普查数据复核表，2022 年。

西山地区进行详尽细致的考察，不仅揭示了中国地质构造的演变历程，更是我们探究人类生命起源的重要基础。

风景秀美的山水景观文化：模式口境内俊秀奇美的自然景观，凭借本地开放性的地理区位而得以在历史进程里书丹其中，而正是这样一种历史人文与自然景观相结合的文化资源，实现了实景与历史的有机结合，由此而拥有了灵动且强劲的魅力。

资源丰沛的农耕水利文化：自古以来，人们因地制宜，创造出很多引水灌溉的方式，留下了丰富的农田水利建设经验和文化遗产。北京历史上第一个大规模引永定河水灌溉土地的水利工程，是三国魏镇北将军刘靖创修的戾陵堰与车箱渠，这也是古代中国水利科学技术发展的完美展示。

模式口水电站正门（来源：北京市石景山区文化和旅游局）

坚韧强固的军事古堡文化：从先秦至近现代时期，模式口是历史递进过程中军事战争的重要发生地，对于中国大一统局面的形成、明清政权的统一以及中华民族独立均具有重要的历史意义。模式口很早便是重要的军事隘口。模式口现存的四座过街楼，也是古镇鼎盛的实物证据。过街楼是我国古建筑中最常见的一种风格，一般横跨街道、胡同，基本结构呈城台状，下辟券洞，上置殿堂。过街楼一般都是单层，因建筑较高，故谓之楼。除以上实物遗存之外，流传在当地的众多传说、民谣等，也大大丰富了模式口军事文化内涵。

得天独厚的古道交通文化：得天独厚的地理位置，成就了模式口军事要塞和交通枢纽的历史地位。战争时期，模式口是兵家交战之处，而和平时期这里又成为交通往来之孔道。模式口地处华北平原与山西、内蒙古区域相交的过渡地带，是中原文化与塞外文化相互交流、融合的过渡地区。与军事地位相辅相成的交通枢纽文化是模式口历史文化的特征之一，而现存文物资源如驿站等相关遗迹、近现代时期铁路的修建，共同构成了在模式口作为京西古道交通枢纽的完整图景。作为交通要道，模式口地区拥有古代文化典型体现的驿路文化及现代交通的铁路文化。

模式口过街楼遗址（来源：北京市石景山区文化和旅游局）

资源丰沛的煤炭工业文化：煤炭是西山文化最为典型的文化表征，是西山与都城文化的最直接的联系，也是地区崛起的动力所在。石厚田薄、煤富水缺的自然地理环境决定了煤业是影响区域内多数村落的主要产业。自元代至清代，线路煤运功能的使用频度呈增高之态势，清代中后期是煤运功能使用频度最高、煤运价值最为凸显的历史时期，对该地区的商贸、宗教、军事活动均产生了巨大影响，进而产生了线路煤运功能的衍生价值，这些价值寓于商贸、宗教及军事交流价值之中，并以这些价值表现出来。

鼎盛繁华的古镇商业文化：明清时期，伴随线路中东段影响区域煤业的发展，商贸与煤业的关系日益密切。清代中后期至民国时期是影响区域内煤业发展的高峰期，也是商贸交流价值最为凸显的历史时期，这一方面与来煤窑谋生的流动人口增多有很大关系，另一方面与影响区域及周边地区新成村村落大量增加、村际商贸需求日益旺盛有关。从空间维度看，在商贸交流价值最为凸显的历史时期，伴随采煤业中心的历史变化，线路影响区域的商贸中心也不断转移。

丰富多彩的香道民俗文化：自明末以来，碧霞元君信仰在妙峰山兴起，使其成为京城“五顶”之一，清康熙年间一跃成为顾颉刚所言的“北平一带的民众信仰中心”，民众每年四月前往“莲花金顶”妙峰山进香朝圣，经年累月，最终形成北京西郊的“标志性文化”。作为地方社会公共事件，传统庙会是联结个体、实现地方社会团结的重要形式，这在超越地方社会跨区域庙会活动中尤为明显。传统民俗文化的形成，一定程度上丰富了北京文化的内涵，将活态的、底层的民众日常生活纳入其中，这既是对北京文化的提升，更是对中国社会文化多样性的丰富。

多元融汇的传统宗教文化：明人王廷相作《西山行》言：“西山三百七十寺，正德年中内臣作。华缘海会走都人，碧构珠林照城郭。”京西地区拥有前靠后罩、山环水绕、藏风聚气的绝佳风水形势，该地区西依高峻的九龙山，东有宽阔的永定河流经，河对岸有相对平缓的石景山，北可望高峻的妙峰山，南

法海寺选佛场（来源：北京市石景山区文化和旅游局）

龙泉寺山门殿（来源：北京市石景山区文化和旅游局）

有低缓山丘，是古人所认为的极佳的风水圣地。以模式口为代表的西山地区，在历史上曾是寺庙道观集中的地区。宁静幽静的寺庙中僧侣吟诵、烟火缭绕，曾经为民众的精神生活带来了莫大的慰藉。及至当今，西山作为传统文化集聚区，为地区文脉赋予了独特魅力。

多样传承的非物质文化：民俗是古代“礼”的补充，古人云：“凡民函五常之性，而其刚柔缓急，音声不同，系水土之风气，故谓之风。好恶取舍、动静亡常，随君之情欲，故谓之俗。”京西地区是北京郊区民俗文化保存较为完整的聚居地之一。基于地域社会文化的独特性，与物质文化相比，京西地区民俗文化同样具有较强的地域性和鲜明的文化特色。长久以来，京西居民根据自己的生活方式、生产方式，结合自然环境条件，创造出并世代相传的民众娱乐活动、信仰仪式活动等，丰富了日常生活，也展示出京西地域文化的独特魅力。

珍贵独特的古代墓葬文化：石景山区西山环绕，风景秀丽，宁静祥和，历来被视为风水宝地，历来帝王政要、文人学者等均选择在此作为归宿，从而形成了独特的墓葬文化。今模式口地区不仅是明代宦官文化展示的典型区域，以田义墓为代表的墓葬遗址在中国墓葬史中具有重要的学术价值和遗产价值。石景山模式口地区的宦官墓葬群的出现，让我们去解读历史上多面的宦官形象成为可能。正如古代史专家邓小南先生在探访模式口古镇历史时所写道：“在这个保留了很多老北京风韵的小村子里走了许久，街道边忽然出现了一座高高的石牌坊，原来是明后期大太监田义的坟墓所在，现在被开辟为北京宦官文化陈列馆。明朝太监的陵墓，除了魏忠贤在香山的衣冠冢之外，就要数田义墓最为奢华了。墓地遗址中不仅保留了田义与其他几位明清太监的坟墓，而且保存了大量碑刻，里面记载了田义诸多的名头与事迹。许多碑刻都是万历皇帝御制的。田义墓碑十分高大，上面的装饰是皇室才可以使用的龙形图纹，‘僭越’之至，可见一斑。与之相比，旁边的一座矮了许多的清朝道光年间的太监墓碑上仅有二鹿。从这里也可以看出，明清太监的地位真有天壤之别。置身于田义墓中，看着万历时期内阁首辅申时行为田义撰写的充满褒奖的碑文，你很难把田义想象成一个负面的政治人物，只会在这方安静的空间里，静静凭吊这位曾经权势显赫的历史人物。在田义墓旁边的法海寺里，你同样会有这种感受。那里有两座高大的石碑，上面书写着景泰（编者注：应为正统）时期宦官李童修缮法海寺的功绩，其中一方碑文是当时的六部长官之首、文人领袖吏部尚书王直所写。在正史里，我们看到的都是士大夫与宦官之间的剑拔弩张、势不两立。而在另外的历史空间里，我们看到的却是两种政治势力的和谐相处。历史就是这样充满着多面性。"[1]

丰富的历史文化遗存，不仅构成了本地区"世外桃源"般的古镇气质，也给我们留下了众多可供探求真实历史的珍贵证据。从区域文化的同质特征来看，历史时期的京西，不仅是地图上的一个特定地理区域，更是一个富含人文要素的文化范围。传承已久的西山历史，厚植了本地区内涵深刻、丰富多样的文化特质和多元形态，这里的文化资源层级高、意蕴深、类型多、发展潜力大，多种文化类型相互交叉、互为依托，构建了西山独具特色的文化景观。从文化类型来看，京西拥有丰富多样的文化类型，古都文化、皇家文化、宗教文化、民俗文化、商业文化、地质文化等多元文化相互交融，将这里打造为一处极具特色的文化渊薮。从历史演进来看，京西的发展与北京城密切相关。从军事地位来说，京西是一道屏障，它是守卫京城西北门户的重要堡垒。从地域交通而言，分布在京西域内的多条古道，是连接北京与南方及西北部冀晋蒙地区的主要通道。从经济关系来看，贯穿于京西的水陆通道，是北京与京外地区物资流通的主要通道。另外，沿着京西古道形成的大大小小的村镇，犹如明珠点缀在连绵的西山山脉当中，丰富了北京这座历史悠久、多元丰富的历史文化名城的内涵。

---

[1] 邓小南：《中国通史大师课》，长沙，岳麓书社，2019 年，第 140 页。

第三节　文化价值

模式口古镇的崛起与发展，根植于山水相依的地理背景。永定河，这里在历史上既是北方文化与中原文化交融的节点，又是中原文化向外部扩散的走廊。路，就是自古以来由北京经此通往西北大漠的古道及其关隘，历史上著名的“西山大道”即包括在内。现在的多条公路仍然建立在古老大道的基础之上。京西古道的演化主线是推动京西古镇演化的首要脉络和共同基础，其他的关联主线可能还包括产业经济演化、文化特色演化和军事要素演化等，并最终通过聚落形态演化加以落实和空间呈现。由于地处交通要道，当地的民俗文化带上了浓厚的商旅特色，具有相当的开放性和流动性。山，就是指占整个西山山区面积 98% 的山岭和谷地，地貌条件决定了当地相对封闭、稳固的生活方式，包括丰富的煤炭和石料、建材等，矿产开发使当地民间风俗又带有比较浓重的行业色彩。正是这些要素构成了模式口历史文化资源的地理基础，相关的自然因素与人文因素共同影响着民俗文化的源流，表现出一种整体的独立性和特殊性。

正是在京西地区独特的地理背景和资源禀赋的作用下，在不断畅通、拓展的地区交流中，给京西地区的发展带来了生机与活力。因此，从更大范围内来反观模式口古镇，可进一步观察其所具有的历史地位和作用：

模式口是京西古道上的一处商业重镇。京西古镇的盛衰，形成了多元共生的关联主线。古镇的最初崛起，与京西古道的形成密切相关。特别是隋唐以来，

模式口民居雕花影壁（来源：北京市石景山区文化和旅游局）

京西古道的拓展与联通，带动了京西地区一系列古镇的崛起与发展；元明清以来，随着北京都城地位的确立，京西地区与北京之间的关联逐渐加强，这里不仅是都城安全的屏障，同时也是主要的物资供给地区，这也是京西古镇“附京功能”的形成时期。随着古镇经济特色的形成，这里不仅是交通中枢要塞、商品转运中心和商贸集市重镇。

模式口是一座山路相守的千年古镇。一方面，模式口镇不仅多次历经京西古道的开通、改道和维修过程，还经历过宛平与河北界址变迁；另一方面，山道与商道的密集交织是今日模式口古镇及周边区域的特色地貌，是自然与人工有机结合的整体聚落格局。

模式口拥有在中国历史上具有代表性的治河保运的水利工程要枢。模式口地区的车箱渠水利工程是永定河治理的重要遗产，水利工程设施技术价值令人瞩目，它们是农业文明时代人类非凡创造力的杰出例证，记录了农耕文明时期人类与自然的抗争过程，车箱渠的修造，在水利工程建设史上享有极其重要的价值。

模式口境内相关遗址具有极高的历史研究价值。京西地区是华北地区交通网络的重要关键地段，而模式口镇所在的位置又是京西大道的咽喉之地。模式口境内各种类型的遗产积淀丰厚，是西山“大遗址”研究的极为重要的节点，是具有世界影响力的文化遗产地，具有极高的考古及历史文化价值。因此，模式口古镇的历史发展进程在一定程度上反映了山路古镇的普遍演化规律与演进趋势，体现了古镇在京西历史研究、水利工程研究及城镇发展模式上的独特价值。

从历史时期模式口地区发展的动力及变动过程来看，主要是其作为京西大道的交通节点而塑造了独有的军事、经济和民俗地位。作为京西屏障，模式口地区拥有得天独厚的军事地理位置，也是历代兵家必争之地；作为都城以西的物产流通渠道，模式口地区是北京城的民生资源供给区；模式口作为妙峰山香道的重要构成，是北京地区重要民俗文化的活动场所。随着历史进程的递进，在统一和平的大趋势之下，模式口地区军事功能逐渐弱化，作为地区往来枢纽的地位开始显现。同时，作为都城近郊之地，更以其风景秀美、气候宜人而成为皇室贵族避暑郊游之处。从与都城关系的演变来看，模式口地区的功能逐渐脱离单纯的都城供给与防卫功能，逐步实现融入与都城同步发展的格局，古镇自我生长的定位也不断明朗清晰起来，形成了地区独特的历史进程与文脉格局。

从地区文脉的主体构成来看，京西交通要道与商业重镇无疑是历史时期模式口地区的主要特征，与此同时，作为交通枢纽的独特地位，造就了当地生活习俗、山水名胜凭借其特殊的地理位置而拥有着开放性、包容性和融合性的地区特征。军事防御文化、交通枢纽文化，贯通了模式口地区的历史发展脉络，辅以内涵丰富的山水名胜、开放融通的民风习俗等，构成了模式口地区坚强稳固的防御体系、畅通鼎盛的经济生长、通达融合的文化格局。

从模式口地区发展的脉络来看，以古道交通为生长点的模式口，在其漫长的历史进程中，不仅拥有浓墨重彩的宏大叙事篇章，也有其自身独特的“模式”文化特征。从不同视域进一步考察历史时期模式口古镇所具有的历史地位和作用，大致有以下几点：

第一，都城关系的延伸。历史上的北京长期作为国家首都，为城市能源供应提供了独有的政治保障。宫廷、衙署、军民与冶炼厂、窑厂等所需的木柴、木炭、煤炭以及近代出现的电力，都取自城市之外的周边地区。以模式口为代表的富饶的西山资源，是北京作为都城特殊经济体的主要供给，是北京作为全国消费中心的保障，更是北京政治、经济秩序维持的逻辑起点。

第二，京津冀一体化的历史表征。京西古道依托西山的天然地形，途经山区，以西山大道、玉河古道、芦潭古道为三条主道，并由此分出复杂繁密的道路支线，其沿途分布了诸多的古村落、古寺庙等历史遗迹。从古道范围与地理形势来看，历史时期京西古道东西延长线上的河北蔚县、涿州、涞水以及天津蓟州等地，都与北京联系十分紧密，构成了十分紧密的京津冀区域联系。

第三，华北地域文化的典型表现。从传统民居装饰艺术来看，京西地区的民居一脉相承，其建筑形式以三合院和四合院为常见形式；民居雕饰工艺有圆雕、浮雕、镂雕、线刻、拼接等手法；雕饰题材多为象征吉祥瑞意的动物题材、植物题材、人物故事题材以及抽象几何图案等，如鹿、狮、蝙蝠、猴，葡萄、梅花、竹、牡丹等形象，显然都是我国北方地区传统民居的特征。

第四，中国北方区域交流的重要通道。西山大道是华北地区最核心的陆路往来通道。模式口地区作为西山大道的重要节点及核心路段，伴随这条生命线的有机联系，也将其纳入路网圈当中。道路的延伸，将相距遥远的华北区域有机贯通起来，区域之间经济往来的频繁，带动了商品流通的扩大，促进了城乡市场网络体系的形成，从而形成了更大范围、更深层次的流通网络格局。

第五，中国传统经济动力的例证。明清以来中国域内大规模流通格局形成，基层市场网络逐步完善。处于流通干线上的重要商业点，将一个个各具特色的经济单元沟通和连接，从而形成了一条条规模巨大的流通干线，他们之间又通过支线交叉，使得商品流通几乎可覆盖全国的每一个州县，甚至每一个村落，从而将自然条件、发展程度各异的各经济区域连接成为一个整体，使地域之间分工互补，调整经济布局，优化资源配置成为可能，这也是中国传统经济具有强劲活力的重要例证。

模式口是京西文化的一个节点，借由京西古道这一交通要道，构造了以此为基点，辐射全国甚至是更大区域的网状交通，据此汇聚起南北往来的交通文化、朝顶进香的民俗文化、蓬勃兴盛的商旅文化，不仅赋予古镇独特丰富的文化内涵，更是成为古都北京、京津冀以及“一带一路”沿线的一颗耀眼明珠。

第四节 迈向未来

如今，模式口大街作为北京市历史文化保护区，在尽可能保留原有历史风貌基础上，科学规划产业布局，精心引入商业资源，合理利用历史遗产文化功能，昔日的兴盛古镇换了新颜。大街古民宅、古建筑坚强矗立，两侧商贾密集，古老的百年商业大街日益焕发出蓬勃的生命和活力。

当然，在开发利用之前，对于模式口古镇的定位则需要从更大区域范围、更长时间段中进行审视。一个地区的历史文化，以其地域性、民族性、传承性、独特性和垄断性等特点，往往是一个区域所独有的，拥有无法被其他区域模仿和复制的核心要素，因而在文化旅游发展过程中具有核心作用。模式口古镇，从古人类活动的遗迹开始，至今已经有几十万年的历史。秦以来这里便是京西古道的一段，是地区交往的主要通道。元明清时期模式口古堡是京西地区主要的军事屏障与交通枢纽。丰富充足的先天资源，畅通发达的地区交流，带动了模式口古镇的崛起与发展，更是在近代化的道路上迈出了坚实有力的步伐。

因此，从历史时期模式口的历史地位、文化价值，及其地域辐射范围来看，对于模式口历史文化内涵的挖掘，应从以下视域着手：第一，形成以北京"都城文化"为核心的文化内涵阐释路径。模式口文化应归属于北京"大都城文化"内涵当中，这也是如何科学定位京郊古镇历史的前提。第二，打造以"京津冀协同发展"为范围的区域历史文化资源联动效应。第三，主动融入我国"一带一路"建设为目标的国际发展布局。

北京三条文化带（来源：《北京城市总体规划（2016年—2035年）》）

作为京西地区一处颇具典型和代表意义的历史文化遗产点，模式口古镇的发展，是反映京西地区人类改造、利用自然，从一处原始聚落不断融入都城发展、区域联动的发展格局。她不仅承载着北京地域文化特色，更以其独特而强劲的现代发展历程，诠释出自然景观与人文景观有机结合的生动例征。当然，需要我们进一步思考的是，在当今及未来没有间歇的发展进程中，这些有形的历史文化遗产如何能够在科学保存与合理利用中寻找一个平衡？在传承与发展中如何让这些珍贵的历史文化遗产活起来？这应当是地方文化建设需要认真思考的关键。

一、确立整体保护的理念，是地区历史文化资源能够最大限度保护、文化内涵能够最大立面呈现的关键

从 1964 年的《威尼斯宪章》到 1987 年的《华盛顿宪章》再到 1999 年的《关于乡土建筑遗产的宪章》和《巴拉宪章》，国际领域对文化遗产的保护思路，已经从“点”的视角发展到“面”，“文化线路”“文化景观”“文化空间”等概念的引入，使文化遗产保护发展对自然环境、人工环境、非物质文化遗产等整体保护。对于京西地区而言，以京西古道的遗产资源与遗产环境为主线，将古道线路、沿线古村落、军事防御、古寺庙、民间习俗等历史遗存及其文化与自然景观等内容有机联系起来，注重遗产点位的特殊性，更强调文化遗产线路资源的整体保护。

二、坚持“保护第一”的原则，守护好地区珍贵的文脉根源

波澜壮阔的历史最终湮没在无限的时间长河中，只是在当地的瓦片石刻和斑驳的石墙城垣中留下了存在过的痕迹。对于这些历史的珍存，无论是残破的瓦片，还是断裂的城垣，都铭刻着历史更迭的信息。而只有在这些遗存自然消失前有效保存下来，才能够真正体会到地域文化的根基所在。如京西古道沿线的不同遗存实体 (如古村落、关城、摩崖石刻等) 属于不同的保护单位和产权所有人，有的尚未被列入任何级别的遗产保护名录，如果保护程度各不相同，对遗产完整性表达将造成严重威胁。其遗产完整性，在一定程度上也会受损。此外，从文化遗产的保护层面而言，首先要加强现有模式口古镇历史文化遗存的保护，防止其进一步被破坏。特别是对于濒临消失的遗存，及时采用科学的手段存贮。其次进一步挖掘存在于文献史料、民间传说、碑刻铭文等载体上的文字信息，加快本地区的考古挖掘进程，填充本地区的文献研究资料，以准确、生动地再现地区历史文化。

三、树立分级、分层思路，针对遗产特点制定有针对性的保护利用措施

京西古道作为文化线路，本身呈现网状的分布，且涉及区域范围较大，分属区域不同，使得域内资源缺乏典型的线路连贯性。在这种情况下，首先应打破行政界线，统筹全域文化资源，才能够建立起根据资源类别和文物层级为依据的数据库。同时，以本地文化资源特征为脉络，实施片区内有针对性的历史文化遗产的保护与开发工作。具体来说，主要包括两方面的工作。一方面，对于目前已入选世界级、国家级以及市县（区）级的现存文物保护来说，应在现有基础上进一步推进相关文物古迹的研究工作。另一方面，对于一些重要的历史遗迹，虽然主体遗址已消失，但仍有部分散落的文物遗存。其次应对这些资源进行整体性的保护，同时利用科学的手段对其中影响较大，可进行主题开发的资源进行一定程度的还原复建工程。

总之，刻印在京西大道上的蹄窝，响彻于古镇上的声声驼铃，都是过往历史的生动书写。无论是有形的文字与历史遗存，还是流传于民众中的传说与习俗，都应该成为历史传承的依托。西山永定河文化带历史文化资源的整合，应让历史文化在区域发展旅游业的过程中弹奏主调，在市场竞争中获得核心竞争力，从而形成自己的特色和品牌效应。保护、传承、发展地区文脉，遵循可持续性发展的旅游开发，建立具有历史性、文化性和科学性为一体的开发利用对策。在科学保护与价值研判的基础上，我们要秉承文物“在保护中发展，在发展中保护”的思路，最终实现“让收藏在博物馆里的文物、陈列在广阔大地上的遗产、书写在古籍里的文字都活起来”的保护利用格局，为北京全力推进全国文化中心建设提供一项有价值、有意义的生动案例。

参考文献

[1] 陆容．菽园杂记［M］．北京：中华书局，1997.

[2] 鄂尔泰，张廷玉．国朝宫史［M］．北京：北京古籍出版社，1987.

[3] 张廷玉．明史［M］．北京：中华书局，1974.

[4] 李梦阳．空同集［M］．上海：上海古籍出版社，1987.

[5] 沈榜．宛署杂记［M］．北京：北京古籍出版社，1980.

[6] 徐学聚．国朝典汇［M］．北京：书目文献出版社，1996.

[7] 明实录［M］．上海：上海书店出版社，2015.

[8] 刘若愚．酌中志［M］．北京：北京出版社，2018.

[9] 宛平县志［M］．刻本.1685（清康熙二十四年）.

[10] 清实录［M］．北京：中华书局，1986.

[11] 嘉庆重修一统志［M］．北京：中华书局，1986.

[12] 顾炎武．天下郡国利病书［M］．上海：上海古籍出版社，2012.

[13] 光绪顺天府志［M］．刻本.1886（清光绪十二年）.

[14] 中国第一历史档案馆．清代档案史料丛编［M］．北京：中华书局，1980.

[15] 昌言报［N］.1898-10-7.

[16] 汽车新闻专论北平附近国道近况［N］．申报，1928-7-28.

[17] 陆军大学定期举行春操［N］．顺天时报，1925-4-17.

[18] 政治分会昨日例会［N］. 大公报（天津版），1928-11-17.
[19] 北平特别市筹备自治办事处 . 编配街村图说，为调查西郊模式口等六村界务及筹备自治情形呈市府文［A］.1929-2-23.
[20] 介绍北平痨病养老院之二［N］. 大公报（天津版），1925-10-5.
[21] 万群 . 西山地质视察记［J］. 农学周刊，1930，11.
[22] 北平市区扩大问题 冀省府提出异议［N］. 大公报（天津版），1934-11-23.
[23] 门头沟石景山设景门市［N］. 大公报（上海），1948-11-24.
[24] 北平结核病学社第一次年报［N］. 大公报（天津版），1935-2-12.
[25] 崇崇 . 西山归来［N］. 大公报（天津版），1928-9-23.
[26] 吴景超 . 龙烟铁矿的故事［J］. 新经济半月刊，1938，6.
[27] 关续文 . 陆宗舆与龙烟铁矿公司［G］. 北京文史资料，48.
[28] 电灯风潮昨讯［N］. 晨报，1921-1-23.
[29] 电灯厂筑轻便铁路［N］. 京师警察公报，1927-11-13.
[30] 采磨石口煤矿［N］. 顺天时报，1907-3-21.
[31] 毅农 . 社会调查京西门头沟的煤矿［N］. 晨报，1922-6-22.
[32] 大批木炭运京［N］. 益世报（北京），1926-4-26.
[33] 宛平磨石口新利煤矿正在打水［N］. 矿业周报，1931-10-7.
[34] 池泽汇，等 . 北平市工商业概况［M］. 北平社会局，1932.
[35] 西郊磨石口布店被抢［N］. 晨报，1941-5-15.
[36] 门斋铁路修筑岔道［N］. 益世报（北京），1925-10-26.
[37] 京西长途汽车今日开始通车［N］. 益世报（北京），1927-4-10.
[38] 北京市公路交通史编委会 . 北京交通史：从有文字资料至 1949 年（初稿）［M］. 北京市公路交通史编委会，1983.
[39] 美教士被杀案 官方协缉凶犯［N］. 申报，1934-6-20.
[40] 北京图书馆金石组 . 中国历代石刻拓本汇编［G］. 郑州：中州古籍

出版社，1989.
［41］田树藩．西山名胜记［M］．西山八大处柳溪山房，1935.
［42］马芷庠．北平旅行指南［M］．经济新闻社，1935.
［43］谈荟［N］．小说新报，1922-2.
［44］中国人民政治协商会议北京市门头沟区委员会．文史资料选刊：第1辑（1985—1987年）［M］．北京：北京市门头沟区委员会，1985.
［45］平西古佛被盗［N］．大公报（天津版），1930-6-3.
［46］顾颉刚．妙峰山的香会（下之一）［N］．京报副刊，1925-6-6.
［47］包世轩．京西太平鼓［M］．北京：美术摄影出版社，2016.
［48］徐珂．清稗类钞［M］．北京：中华书局，2010.
［49］刘敦桢．中国古代建筑史［M］．北京：中国建筑工业出版社，1984.
［50］李诚．永定河出西山 碧水环绕北京湾［J］．前线，2020-2.
［51］尹钧科．北京郊区村落发展史［M］．北京：北京大学出版社，2001.
［52］邓小南，许宏，胡阿祥，等．中国通史大师课［M］．长沙：岳麓书社，2019.
［53］北京市石景山区文化委员会．石景山文物：第5集［M］．北京市石景山区文化委员会，2012.

后记

西山永定河文化带的提出，是对京西历史文化在北京城市发展史中的地位和作用的充分肯定。石景山区历史悠久，底蕴深厚，是西山永定河文化带的重要节点，是北京历史文化名城保护体系中的重要组成部分。作为石景山地区一处有代表性的历史文化遗产点位，对于模式口古镇、古商道的研究，有着非常重要的个案价值和意义。

在漫长的历史进程中，模式口古镇的每一次飞跃，都在北京城市发展、华北区域演进中，不断寻求自我转型与生长；与此同时，更以其独特的资源禀赋和文化品格，进一步融入、推动着城市以及区域的现代化发展。从历史深处走来的模式口古镇，以其非凡的发展历程，诠释着京西古镇在区域发展史中，在“都与城”关系中所占据的特殊地位。开放包容、融会贯通作为地区发展最核心的生长要素和文化品格，不仅为古镇发展带来了不竭动力，更为区域联动注入了强劲活力，进而赋予了西山永定河文化带更多彩的文化魅力。

近年来，随着区域史研究手段方法的提升，我们不断深入史籍，走向田野，我们着力用更接近真实的科学态度去发掘历史，同时也注意从更多的面相来观察、解释我们所研究的对象。在模式口历史文化的研究中，我们采用严格的历史研究手段，一方面从浩瀚的故纸堆中搜寻大量的珍贵史料，另一方面加大调研，在山中寺庙、田间地头去搜寻碑刻、做好访谈，采用多学科的研究方法去解读史料、解决问题。我们怀着虔诚而谨慎的态度去搜寻每一条线索、解读每一条得之不易的史料，在艰辛却并不枯燥的研究中读出了一个古镇漫长而不平凡的发展历程。我们期待这样的尝试，能够为接下来的其他研究提供可以复制和借鉴的写作模式。当然，因为时间匆忙，书稿还有很多遗漏，在此也期待各位专家不吝赐教。

在本书的写作过程中，得到了石景山区文化中心的大力支持。北京市社会科学院历史研究所孙冬虎、吴文涛、王洪波、李诚诸位老师为本书的写作思路、资料搜集提供了很多帮助，在此一并致谢。

课题组

2022 年 12 月 8 日